正思维、正能量和正教育
——魅力班主任的幸福教育生活

钱碧玉　著

中国轻工业出版社

图书在版编目（CIP）数据

正思维、正能量和正教育：魅力班主任的幸福教育生活/钱碧玉著.—北京：中国轻工业出版社，2016.1
ISBN 978-7-5184-0672-2

Ⅰ.①正… Ⅱ.①钱… Ⅲ.①教师-修养-研究 Ⅳ.①G451.6

中国版本图书馆CIP数据核字（2015）第253264号

总 策 划：石　铁
策划编辑：吴　红　　　　　　　责任终审：滕炎福
责任编辑：吴　红　王慧超　　　责任监印：刘志颖

出版发行：中国轻工业出版社（北京东长安街6号，邮编：100740）
印　　刷：三河市鑫金马印装有限公司
经　　销：各地新华书店
版　　次：2016年1月第1版第1次印刷
开　　本：710×1000　1/16　印张：15.50
字　　数：151千字
印　　数：1—5000
书　　号：ISBN 978-7-5184-0672-2　　定价：36.00元

读者服务部邮购热线电话：400-698-1619　010-65125990　传真：010-65262933
发行电话：010-65128898　传真：010-85113293
网　　址：http://www.wqedu.com
电子信箱：wanqianedu1998@aliyun.com
如发现图书残缺请直接与我社读者服务部（邮购）联系调换
151205Y1X101ZBW

推 荐 序

一本书：振奋灵魂的力量

多年之后，我相信这样一幅画面会成为记忆中永恒的温暖：

拥挤的列车上，一个遭遇身体健康滑坡、团队低迷、事业停滞的中年男子，百无聊赖地展开一叠打印纸，借此打发旅途一段寂寞漫长的时光。他的落寞、低沉，和周围人的高谈阔论格格不入。读着读着，他入迷了，一种渗透灵魂的力量让他燃起精神的火花。他抑制不住激情，给文章主人发信息："感谢您的文字，让我在疲惫的旅途感受到心灵的温暖；让我相信，美好的文字都有改变世界的伟大力量……"

这个中年人就是我，文章的作者就是钱碧玉老师。那时，我正在读从网上下载的她的博文集《正思维、正能量和正教育》。我被她文章中洋溢的阳光心态、积极思维深深地打动，我从一个个新鲜做法中感受到创新的力量，长久以来，被抱怨、平庸、死板包围的心豁然开朗。就像推开一扇窗户，我看到了整个春天——我产生一种冲动：我要回去，我要回到孩子们中间去！我要重新找回属于我的充满活力和激情的教育时光！

为什么一个小学老师的文章让我产生如此强烈的激情呢？

因为她充满正能量的心态感染了我。我一直认为，美好的情感可以熏陶人，积极的心态可以影响人。当职业倦怠感让我们不能自拔的时候，当过于功利的心态让我们把智慧的教育变成和孩子们肉搏的体力战的时候，当长期繁重的工作压力一点一点地磨灭我们的激情和才华的时候，我们是不是需要一种心灵的力量，帮助我们实现精神上的自我救赎，让我们有信心把自己当初喜欢的工作坚持下去？这种力量，不是抱怨、发牢骚时能够产生的，也不是愤青们任性发泄时迸发的，而是对孩子发自内心地喜欢、对教育充满热爱的人，从心灵深处流淌出来的。

钱碧玉老师的文章处处洋溢着这种鼓舞人心的力量。随便翻开一页，就能邂逅一段美好时光。如她在《我喜欢》中写道："我喜欢暖融融的午间时分，和孩子们坐在一起，共进午餐，笑语盈盈；我喜欢在皎皎明月的映照下，来到宿舍，帮孩子们盖上被子，轻声嘱咐，道声晚安；我喜欢在如丝如缕的晨光中，加入孩子们的锻炼，迎着黎明，迎着曙光，奔向起跑线……"甚至有孩子捣蛋，在背后偷偷撩拨她细软的头发，她也觉得很温暖。

看不到一句抱怨的话，也看不到一个消极的字眼，甚至一些在普通老师眼中的"坏事"，到钱老师这儿，都成了生命中的一种幸运、一次美好的邂逅。美好的文字是有温度的，能够温暖人；美好的文字是有浓度的，能够滋润人。读着钱老师这样优美的文字，我枯寂的心灵伸出一片片属于春天的叶子，让我重新以一种平和、健康、恬淡的心态看待这个亲切的世界。以前所有的不快和低落，都是那么幼稚可笑和无足轻重，我依然可以怀抱初心，把喜欢的工作坚持下去。

所以，我建议那些工作时间很长的老师能够抽时间读读这本书，以此滋润生命，以保持良好的心态，享受自己美好的教育人生。

其次，这本书与众不同的视角开阔了我的眼界，启迪了我的思维，让我感受到教育的发现之美、惊喜之美。我很好奇，一个柔弱的江南女子，她该有一颗怎样的晶莹童心，才能够发现孩子的世界里那么多有情趣的事情呢？你看她对每一件事情的处理，多么地富有智慧，又多么地暗合学生的心理。很简单的一个例子，班上有孩子爬树了，而且是个顽皮捣蛋、不想读书的孩子，在大庭广众之下爬树掏鸟窝，你会怎么做？大声呵斥，让孩子赶紧下来？还是以安全为由，抓住孩子狠狠批评一顿？无论哪一种做法，我觉得都不如钱老师的做法有智慧、有人情味儿：她"没有命令小叶马上下树，只是站在树下静静地看着他，等候着他"。大家想一下，在一群吵吵嚷嚷的人群中，在众多师生的注视中，钱老师的这种做法是不是很特别，但是实际上又很有道理？大声呵斥，吓坏了孩子，孩子从树上掉下来怎么办？安全是教育的基础。我曾经看过一个电视节目说，让走向脚手架尽头的建筑工人安全返回的最好办法，就是让他自己在没有发现危险的时候走回来。惊呼"小心"或者好心提示，都可能酿成悲剧。所以，看到这一节的时候，我非常欣赏钱老师的做法，因为她知道"一个孩子的童趣和好奇心是不能去阻止的"。

钱老师深知保护一个孩子的童趣和好奇心多么重要。她构建了一个善于解读孩子内心的和美世界，让那些具有特异性格和行为的孩子在她班上得到最好的教育。也正因为这样一个与众不同的切入视角，她发现那喜欢掏鸟窝的孩子，那些打翻学校生活老师苹果篮的孩子，其实有着好奇的、想为老师分忧的心，只不过他们率性而为，把好事办砸了。对这样的孩子，需要的是等待、信任孩子，让孩子自己从不完美走向完美。

钱老师在《另起一行，每个人都是第一》中写道："另起一行，谁不是第一呢？声音甜美的小芸讲故事不就得了第一名吗？平时默默无闻的小旭做起内务来不是又快又好吗？调皮鬼小朱不是我们班有名的'飞毛腿'吗？小琦哪一天不是第一个早早到教室为同学们开门开窗的？在生命的世界里，每一个人都是独一无二的自己，每一个人都有与众不同的精彩。"思维的另起一行，就是方法的焕然一新，就是思想上的革命风暴。

我们不缺少有指导意义的思考，但是我们绝对需要很多有创新意义的做法来开阔视野、启迪思维。从这个意义上说，钱老师的这本书对一线教师来说，是一本接地气的书。因为作者不仅从思想、观点上带来正能量、正感受，更有大量正做法、正技巧从实践层面做了精彩示范。是这本书，让我在事业的低谷、在工作思维枯竭的时候，开出一朵向阳的、灿烂的、成功突围之花。

你点的生字学生不认识该怎么办？"把你认识的字读出来"给了每一个学

生自信。学生不会默写生词怎么办？"等你会了我们再默写"缓解了学生的压力。学生没有午睡习惯、不愿意午睡，您有招吗？钱老师的做法让人拍案叫绝。她把自己和孩子们睡觉作为最高奖励，谁午睡睡得好，她就去谁的小床上睡觉；哪一个宿舍纪律好，她就去那个宿舍睡觉。这对孩子们来说，多具有吸引力啊。好些孩子在钱老师起床之后都舍不得重新整理床铺，因为上面有钱老师甜甜的、香香的、温暖的味道……

　　当一切做法都指向正面解决问题，当一切行为都呈现美好效果的时候，我们的教育是不是变得更加有效？孩子们从钱老师这些温暖的、充满正能量的做法中感受到的是浓浓的关怀、殷殷的期待，因此，他们个个都上进，每一个孩子都从心底开出最美丽的花。毕业的时候，对钱老师和孩子们来说，简直是一场生离死别，"说好不哭，说了咱们不哭的"，可是最后，老师和孩子们都哭得一塌糊涂。

　　读别人的故事，想自己的心事。当孩子们犯了错，钱老师把黑板当留言条，和孩子们一来一往温馨地互相鼓励；当孩子们为别人叫绰号而烦恼，钱老师只是在绰号上加一个"小"字，就让绰号变成孩子们喜欢的美名；当学生上课睡觉，钱老师引导孩子们说出"睡觉，不就能创造出美好的境界吗"时……慧由心生，当我们的心态健康，当我们的思维朝向美好，当我们的做法都指向建设性地解决问题的时候，我们的行为是不是比以前更有智慧？我们是不是更有理由相信未来？

　　我深信，重新整装出发之后，我们必将获得新生。

郑学志

2015年7月1日

（郑学志：湖南省班主任研究学会副理事长，全国著名班主任，教育类畅销书作家。）

目 录

推荐序　一本书：振奋灵魂的力量（郑学志）……………………………i

第一章　正感受：每个孩子都是上好的……………………1
1. 最深的温暖………………………………………………3
2. 那些单纯得透明的感动…………………………………7
3. 哪个孩子不是上好的呢？………………………………9
4. 满满的幸福………………………………………………11
5. 老师，亲我一下…………………………………………13
6. 遇见孩子遇见爱…………………………………………15
7. 幸福得有些痛……………………………………………16

第二章　正思维：我只看到你们的现在和将来………19
1. 我只看到你们的现在和将来……………………………21
2. 不能这样去惩罚…………………………………………23
3. 刺激懈怠…………………………………………………25
4. 柔软的心…………………………………………………28
5. 另起一行，每个人都是第一……………………………31
6. 留住悔意，留住机会……………………………………33
7. 批评可以是甜的…………………………………………36

第三章　正态度：教育就是保护 ················ 39

1. 放飞 ················ 41
2. 不做完美老师 ················ 43
3. 孩子，你有你的100分！ ················ 45
4. 亮一个漂亮的"相" ················ 49
5. 用一颗母亲的心来爱 ················ 54
6. 爱着你的爱 ················ 56
7. 教育，是一件浪漫的事 ················ 61
8. 欣赏 ················ 65
9. 女孩，绽放！ ················ 66

第四章　正视角：让所有生命都幸福 ················ 69

1. 成为孩子生命中的"贵人" ················ 71
2. 锤炼一棵小白杨 ················ 77
3. 打开一盏灯，点亮一颗心 ················ 82
4. 每一棵草都会开花 ················ 86
5. 让生命化蛹为蝶 ················ 91
6. 为心灵铺设一条阳光通道 ················ 94
7. 上帝喜欢咬甜苹果 ················ 97
8. 羞答答的玫瑰静悄悄地开 ················ 100
9. 寻找我们身边的美 ················ 103
10. 最美的"惩罚" ················ 106

第五章　正方法：让孩子成为教育的主角 ················ 109

1. 爱的表白 ················ 111
2. 带着美好的记忆向前走 ················ 114
3. 等你 ················ 119

4. 让学生做一回老师 ················· 121
5. 乖乖午睡的秘密 ················· 123
6. 别样作业别样情 ················· 126
7. 家长会，学生唱主角 ··············· 128
8. 诗意地栖居 ··················· 131
9. 用微笑照亮童心 ················· 135
10. 柔弱的力量 ·················· 137
11. 孩子，你为什么不生气？ ············ 139

第六章　正趋势：朝向美好的教育 ·············· 143

1. 放心去飞 ···················· 145
2. 美美的绰号 ··················· 147
3. 亲亲地，亲亲地唤你的名字 ············ 150
4. 我们的黑板会唱歌 ················ 154
5. 睡觉，创造美好境界 ··············· 157
6. 一辈子很年轻 ·················· 159
7. 班委新闻发布会 ················· 164
8. 在最美的电影时光里 ··············· 168
9. 月光老师 ···················· 170
10. 细节换来满怀春色 ················ 172
11. 有我，有红旗班！ ················ 175
12. 假如我能使一颗心免于哀伤 ············ 178

第七章　正能量：像太阳一样相信未来 ············ 185

1. 蛋白质女孩 ··················· 187
2. 守望一朵花的盛开 ················ 190
3. 好香好香的牛奶味道啊！ ············· 192

4. 享受纯粹的快乐和自由 ⋯⋯⋯⋯⋯⋯⋯⋯⋯⋯⋯⋯⋯⋯ 194
5. 我们创办报纸啦! ⋯⋯⋯⋯⋯⋯⋯⋯⋯⋯⋯⋯⋯⋯⋯⋯ 197
6. 细细的爱 ⋯⋯⋯⋯⋯⋯⋯⋯⋯⋯⋯⋯⋯⋯⋯⋯⋯⋯⋯⋯ 201
7. 童年,不同样 ⋯⋯⋯⋯⋯⋯⋯⋯⋯⋯⋯⋯⋯⋯⋯⋯⋯⋯ 203
8. 总得有人去擦星星 ⋯⋯⋯⋯⋯⋯⋯⋯⋯⋯⋯⋯⋯⋯⋯⋯ 207
9. 我愿意是春风 ⋯⋯⋯⋯⋯⋯⋯⋯⋯⋯⋯⋯⋯⋯⋯⋯⋯⋯ 214
10. 我是个长大了的孩子 ⋯⋯⋯⋯⋯⋯⋯⋯⋯⋯⋯⋯⋯⋯⋯ 217
11. 在一起 ⋯⋯⋯⋯⋯⋯⋯⋯⋯⋯⋯⋯⋯⋯⋯⋯⋯⋯⋯⋯⋯ 220
12. 我的班主任之梦 ⋯⋯⋯⋯⋯⋯⋯⋯⋯⋯⋯⋯⋯⋯⋯⋯⋯ 225
13. 向着明亮那方 ⋯⋯⋯⋯⋯⋯⋯⋯⋯⋯⋯⋯⋯⋯⋯⋯⋯⋯ 227

后记 心怀念想和热爱 ⋯⋯⋯⋯⋯⋯⋯⋯⋯⋯⋯⋯⋯⋯ 235

第一章
正感受：每个孩子都是上好的

孩子就像四季盛开的花。春花烂漫绚丽，夏花芳香馥郁，秋花淡雅清香，冬花独笑风雪。它们在不同的花期里绽放着不同的花色，吐露着不同的芬芳。谁能说哪一种花最美？谁能说哪一种花不美？谁能说哪个孩子不是上好的呢？

——正感受，使我悦纳、欣赏每一个孩子，拥有教育的好心情，炼成健康的好心态，从形形色色的孩子身上寻找与众不同的"好"，从点点滴滴的教育生活中发现无处不在的"美"。于是，平凡的日子变成快乐的行走，忙碌的工作成为幸福的精神享受。

1. 最深的温暖

面对孩子们纯真的心，我常常分不清，我是他们的老师，还是他们是我的老师。我真的不知道到底是谁在温暖着谁……

小程是班上最调皮的男生。

有一天，他把我拉到一边，笑嘻嘻地对我说："钱老师，我发现了一个秘密。"

"什么秘密？"我有些好奇。

他说："我发现男老师喜欢女孩子，女老师喜欢男孩子，是这样的吗？"

我哑然失笑。口中说"不会的吧"，心里却也不得不承认他说的也许是事实。

"怎么不是？"他马上举出一大堆的事例来论证他的观点。

我忍着笑说："也许有这种现象吧。"

"什么也许？根本就是！"他急了。

看他那么着急，我又笑了。

见我不说话，他忽然开心起来："哈哈，钱老师，你不说话就是默认了，那就是说你是喜欢我们男生了？噢耶！万岁！"他高举着胜利的手势，一路蹦着跳着跑开了。

说真的，打心眼里，我不能不喜欢上这些率真可爱的男孩子们。虽然他们时不时让我苦恼，惹我生气。

这个班是男生的天下。有时，看着坐在课堂里的十个女生，让我想起了掩映在绿草地上的几朵羞涩的小花。十个女孩子一样的乖巧，从不需要我去费心。整天与我打交道的总是那些活泼好动的男生。

也许就是在这一次次的"较量"中，我才与他们走近了，彼此关系变得融洽了。

一天，我刚拿起语文书，一条胖乎乎的虫子就从里面爬了出来，我惊叫一声。

"怎么啦？怎么啦？"孩子们蜂拥而至。

一些女生惊叫起来："啊，虫子！"

"一条虫子有什么大惊小怪的？看我来对付它！"小旸歪斜着身子，晃呀晃地走了过来。

这个小旸，抓鸟捉虫是他的拿手好戏，一群小蚂蚁他都可以蹲在那里研究半天，就是不爱写作业，被请到办公室是家常便饭。可就是他，若无其事地一把将虫子抓在手里，细细端详了一番之后，安慰我说："哦，这只不过是一条普通的毛毛虫。钱老师，你不用怕，它不会咬人的。"那时，我觉得自己好像是个弱者，正接受他的保护。

这时，爱打抱不平的小强站出来为我说话了，他双手叉着腰大喊："是谁干的？有本事给我站出来！"

人高马大的小张低垂着头走了过来，他怯怯地说："钱老师，我没有恶意，我只不过是想试试你的胆子是不是和我们班的女生一样小。"

我大笑，说："那你现在知道了吧，凡是我们班女生害怕的东西，钱老师也不敢碰，因为我也是女生，只不过是一个大女生哦。"

孩子们都笑了。

那次在梅园的生态乐园，孩子们都去攀岩，老师们在一旁远远地看着。

"钱老师，快来啊，来啊！"那些调皮的男生怂恿着我。

我想起了那条毛毛虫，孩子们是勇者，我怎么能示弱呢？一咬牙，我也爬了上去。第一次攀岩，心里的恐惧可想而知。虽然脚下就是一张巨大的保护网，可我的双脚还是不听使唤地直打哆嗦。

这个时候，那些小男子汉们有力地站在了我一边，给我信心和力量。他们大声地为我呐喊、为我鼓劲：

"钱老师，加油！""钱老师，别怕，胜利属于勇敢者！""钱老师，相信自己，你能行！"……

呐喊声、助威声此起彼伏。紧跟在我身后的是班里最文弱的男生，平时难得见他说上几句话。这时，他却一脸小男子汉的样子对我说："老师，别害怕，没关系的，有我们在，保证你没事！"他一边说，一边细心地传授我攀岩的诀窍。

当我一步一步到达终点时，那些迎接我的男孩子们沸腾了："老师，你真勇敢！""老师，你真行！""这才是我们的钱老师哦。"

这时，小森手里举着一根冰棍跑过来说："老师，给，奖励你的。今天我请客，记住不准还钱的哦！"我说："好，那我就不客气了。"他说："对，大大方方的，这才是我们的钱老师。"

还记得和小峰一起打羽毛球，他说："老师，我先让你三个球。"

我问："为什么？"

他说："女士优先，看你是女流之辈，先让你三分。"

我不说话，狠狠地发球，打了他个措手不及。我说："记住，这叫作巾帼不让须眉。"

他笑了，冲我竖起大拇指说："好，不愧是我们的钱老师。"

痴迷足球的小费有一日对我说："要论起足球来，钱老师你可得甘拜下风了。"

我说："不见得吧，我认识球王贝利，认识马拉多纳，认识费戈、罗纳尔多、贝克汉姆，还有孙雯、郝海东、范志毅……"我一口气报出一大串名字。

他惊讶了，说："果然是我们的钱老师，和我有共同语言。"

是的，我是他们的老师。可有时，面对孩子们纯真的心，我常常分不清，我是他们的老师，还是他们是我的老师。我真的不知道到底是谁在温暖着谁……

六月的蝉声一阵紧似一阵，空气中弥漫着离别与伤感。

一天，我刚走进教室，小涞就冲我喊："钱老师，你好！"我还来不及应答，他又对我说："钱老师，你好吗？钱老师，你好好哦！"我并未多在意，只是笑着抚摩着他的头，对他说："谢谢，你好！"

可是第二天，第三天……在以后的每一天里，这个孩子只要看见我，就对我说："钱老师，你好！钱老师，你好吗？钱老师，你好好哦。"

我问小涞怎么回事，他笑笑，故作平静地告诉我："没什么，钱老师，我只想多喊你几声而已。"看着他，我的心忽然很痛。

一个星期天，小聪给我打电话。我发现他的嗓子哑了。我很奇怪："昨天还好好的，今天嗓子怎么就沙哑了呢？"他说是因为在家里哭的缘故。我问："为什么要哭呢？是家里发生什么事了吗？"他轻描淡写地说："没事，钱老师，我打电话只是想听听你的声音……"手握话筒的我一时无言，却泪流满面。

毕业前夕，在讲台的抽屉里，我发现了一盒巧克力。打开来看，盒内有一张信笺，信笺上面写着："钱老师，你太瘦了，多吃点巧克力，长胖一些。"下面是一个个一丝不苟的签名。

我把视线长长久久地停留在每一个名字上，眼前跳动着一个又一个清晰的画面，我的视线越来越模糊……

站在孩子们面前，最后一次，我说："即使离开了，孩子们，你们也永远飞翔在我的天空里。"

我哽咽着，泪水在脸上奔流；我的孩子们趴在桌上，红肿着眼睛放声大哭。

在流泪的孩子中间，哭得最凶的是那些平时最调皮的男孩子。

2. 那些单纯得透明的感动

我喜欢这种单纯的快乐，也喜欢被孩子们喜欢的感觉。和孩子们在一起，一切都是那么的美好……

孩子的世界恬静单纯，犹如湛蓝的海，纯净得不带一丝杂质；孩子的感情洁净质朴，犹如高远的天，让人开阔胸襟，荡涤心灵。生活在天真可爱的孩子们之中，我的心就像鼓满风的帆，轻盈、欢快；我的内心像被滤过似的，清洁、明亮。

一向不善言辞的小鹏经常在办公室门前逗留。他时不时地趴在窗前，探着身子，眯缝着眼睛朝里张望。有时他又会悄悄推开虚掩着的门，透过门缝向里察看。

这一天，见他又在办公室门口转悠，我问他："小鹏，你有事吗？"

看见我，他忸怩着，涨红了脸，不好意思地用手抓抓头发："没，没事。"

"没事就回教室，以后不要在办公室门口玩耍，好吗？"我严肃地对他说。

"哦，知道了。"他低垂着头慢慢地走回教室，磨磨蹭蹭地走了几步后又转过身来，迟疑着，声音很细却异常清晰，一字一句"敲"着我的耳鼓："老师，其实我只是想来看看你……"

我怔住了，呆了半响……

一日，小韬端着水杯走进了我的办公室："钱老师，医生嘱咐我吃药，我可以在你这儿倒杯水吗？"

"好的，你自己倒吧。"正忙于批改作业的我头也未抬。

"谢谢钱老师。"小韬恭恭敬敬地道谢。

"嗯，不谢。"我又是轻飘飘地应了一声，继续埋首作业本中。

"钱老师，你感冒了吧？给你止咳糖浆和西瓜霜润喉片，这是我刚才在医务室给你买的。"

"不用了，你留着吧。"我依然是淡淡的口吻。

"老师，别推辞了，你就收下吧！"小韬的言辞真挚恳切，让我无法拒绝。接过他递过来的还带着暖暖体温的药和一张写着"钱老师，祝你早日恢复健康"的字条，我愣了好久，想了好多……

今天，调皮好动的小成又没有按时完成作业，被我叫到办公室。他怯怯地站着，不安地望着我，想为自己申辩。

没容他解释，我就打断了他的话。我数落了他的种种不是，语重心长地告诉他学习的重要性，又苦口婆心地陈述了我的良苦用心，直至小成低了头、落了泪才罢休。

"你先回教室吧，好好想想以后该怎么做！"我失望地冲他挥挥手。

他耷拉着脑袋，用手背抹着眼泪往外走。走到门口，他转过身，毕恭毕敬地对我说了声："钱老师，再见！"

看着小成含着泪水的明亮眼眸，我的心战栗了起来，一种说不清的滋味涌上心头……

许多时候，我就是这样不可抗拒地被这些细微的事情感动着，被细微的感动润泽着。这些故事如清泉般纯净与甘甜，滋养着我、提升着我，让我平静如水的生活多了份快乐的理由，让我并不丰盈的心灵涌动着不竭的爱与思考……

3. 哪个孩子不是上好的呢？

一沙一世界，一花一天堂。每个孩子都有一座属于自己的天堂，他们美好的心灵有时表露于外，我们一眼就能看到；有时却隐藏于内，被表象所掩盖，给人错觉。

一位家长给我打电话。电话中，他数落了儿子的种种不是，并不停地夸奖儿子的同学聪明机灵有主见。最后，他深叹一口气："钱老师，你说为什么同样是孩子，差距就那么大呢？为什么同样养一个孩子，我要如此操心呢？"

我不止一次接到过这样的电话，不止一次听到家长这样倾诉。面对家长们无奈的神情，我常常很惊讶，觉得不可思议。我对他说："你的孩子不是挺优秀的吗？虽然成绩不出色，但你没看见他在努力上进吗？他每天健康快乐地生活，脸上洋溢着笑容，为班级服务充满热情，对同学和善友好，多讨人喜欢呀。你为什么要去羡慕别人家的孩子呢？"

听我不住地夸奖孩子，家长很不好意思："钱老师，我发现每一个孩子在你眼中都是宝，你从不拿成绩的好坏去衡量他们，真的太难得了。"

我呵呵一笑，说："如果班级里的每一个孩子都一样乖巧听话懂事，都一样品学兼优出类拔萃，都像是一个模子里刻出来的，那我的工作该多么无趣、多么没意思啊！"

我说的是心里话。孩子是一个个独特的人，独特就意味着与众不同，意味着互有差异；孩子是独立的人，每个人都有自己独立完整的世界，有其独立的人格特点和存在价值。

不光孩子，每个人不都是如此？正因为我们每一个人都是独特的，才使世界五彩缤纷。在我眼中，孩子就像四季盛开的花，春花烂漫绚丽，夏花芳香馥郁，秋花淡雅清香，冬花独笑风雪。它们在不同的花期里绽放着不同的花色，吐露着不同的芳香。谁能说哪一种花最美？谁能说哪一种花不美？最迟开的花和最早开的花一样美丽，所有的花儿都一样芬芳。只要它努力，就能开出属于自己的最美的花。

有一位老同事，退休后来到我们学校，继续和孩子打交道，并乐在其中。他说，不图什么，就是喜欢和孩子在一起，和孩子在一起觉得快乐满足！

无论哪个孩子从他身边走过，跟他亲热地打招呼，他必定会停下来，弯下腰，笑眯眯地抚摸着孩子的小脑袋，夸上一句："好孩子！"对于不熟悉不认识的孩子，他则会多问一句："好孩子，你叫什么名字呀？"老教师一脸的慈祥，目光中流露出爱意，满得要溢出来似的，看得人心里热乎乎的。几乎所有的孩子此时脸上都会绽放着花儿一样的笑容。

这样的场景长久地停驻在我的脑海里，挥之不去。老教师对我的影响和触动是深远的。每一朵花都很美丽，每一个孩子都是好孩子。一个好孩子，他可以是勤奋上进、学习优秀的孩子；他可以是助人为乐、道德高尚的孩子；他可以是体贴父母、尊老爱幼的孩子；他可以是无拘无束、快乐成长的孩子；他可以是眼前这些见到老师亲热地问一声好的孩子……

有一天，一个孩子怯怯地问我："老师，我的成绩不好，你还会喜欢我吗？"

我摸着她的头，亲切地说："喜欢！你的画画得那么好，歌唱得那么动听，老师怎么会不喜欢你呢？"

"老师，我呢？你喜欢我吗？"

……

越来越多的孩子围了过来，注视着我，迫切地等待着我的回答。"你们都是好孩子，老师都喜欢！小宇数学学得好，燕子作文写得棒，小建是课上的'巧嘴巴'，小伟是我班的'小当家'，盼盼落落大方，筱筱斯斯文文，小森踏实稳健，小聪活泼机灵……"我扳着手指如数家珍。孩子们的眼睛顿时亮了起来，他们的眼中写满了自豪与自信。

《正法眼藏》中有一个故事：盘山宝积禅师久修不悟，非常烦恼。有一天他独自走过街头，听到一个人买肉时对肉摊老板说："给我切一斤上好的肉。"肉摊老板听了，两手交叉在胸前说："请问，哪一块不是上好的肉呢？"宝积禅师听了，当场彻悟。

是啊，我们的孩子哪个不是上好的呢？讲台脏了，有人悄悄清理；天气冷了，办公桌上总有一杯热腾腾的茶可以暖手；老师身体不适，平时最爱吵闹的孩子也变得安静、乖巧；即使是刚被"横眉冷对"的孩子，在你需要的时候，他仍会"不计前嫌"，比如改作业一时缺红笔，以最快速度为你递上笔的就是他……

一沙一世界，一花一天堂。每个孩子都有一座属于自己的天堂，他们美好的心灵有时表露于外，我们一眼就能看到；有时却隐藏于内，被表象所掩盖，给人错觉。不能发现它，那是我们还缺少一双智慧的眼睛。

4. 满满的幸福

看着眼前一张张生动的焕发着光彩的小脸，我知道我拥有满把满把的幸福。这幸福就像窗外暖人心脾的阳光，是那么真实可触，是那么满满的不容拒绝。

一个暖暖的午后，我低着头缓缓地走着。"小钱。"传来轻轻的一声呼唤。一抬头，可敬的老校长站在办公室门口朝我招手。

"怎么了？工作上遇到困难了？"看我心事重重，老校长笑容可掬。

"没有，挺好的。"喝着热腾腾的茶，我的心中陡然一热。

"没有？这可就怪了。"老校长似在自言自语。

"真的没有什么，孩子们都很不错。"我说的是实话。虽然接手这个班才两个月，但我全身心地投入工作，我和孩子们之间的关系已日渐亲密。

"哈哈，你可没有孩子们坦白哦！"

"嗯？"我愣了。

"你不知道吧？今天你的'部下'来找过我了，他们群起而攻之，指责审问了我半天，我真是百口难辩哪！"老校长一脸慈祥地笑着。

"啊？"我大吃一惊。

"孩子们说你这些天很不开心，问你又问不出个所以然来，便断定你'挨批'了，于是便来兴师问罪。这些小家伙，火气还真不小哩。"老校长又乐了。

怪不得孩子们一直在校长办公室门口逗留，还时不时扒住窗户向里张望呢。

我顿时局促不安起来。这些天我只顾着自己伤感，竟然忽视了身边的孩子。不经意间，我把不好的情绪带入了课堂，传达给了他们。想起刚才孩子们关切地围着我追问时，我淡淡地说了声"没事"，便只留给他们一个离去的背影……

"老校长，我……"

"快去看看他们吧，他们可是等得心急了。"老校长冲门外打着招呼，"门外的小侦察员们，累了吧？快请进来吧！"

"哎呀，被发现了，快跑！"随着一声令下，几个可爱的小脑袋从门口一闪而过。

"多好的孩子哪！好好珍惜。"老校长语重心长。

教室里，孩子们安安静静地端坐着。

在他们目光的注视下，我迈步进了教室。迎着那些热切的眼神，我忽然有种想哭的冲动。

讲台上，几张精致的卡片摆放得错落有致。

"老师，我愿是一缕和煦的春风，驱散您心中的烦恼；我愿是一只欢快的小鸟，奏响您心头的乐章。"

"老师，愿我们的师生情谊像小草一样生生不息！"

……

心头的热一下充盈到了眼眶……

我从不知道自己是如此的幸福，幸福地生活在一群孩子明亮的眼睛里。看着眼前一张张生动的焕发着光彩的小脸，我知道我拥有满把满把的幸福。这幸福就像窗外暖人心脾的阳光，是那么真实可触，是那么满满的不容拒绝。

5. 老师，亲我一下

忽然，她悄悄凑近我的耳边，轻轻地说："钱老师，如果你亲我一下，我就承认那盒巧克力是我放的。"

办公桌上，多了一盒巧克力。是谁放的呢？带着疑团，我来到教室。

孩子们你看看我，我看看你，都对我摇头。

会是谁呢？是小葛吗？小丫头脑袋瓜摇得像拨浪鼓。

是小锋吗？小男孩红着脸连连推说不知道。

是小超吗？小家伙一脸迷惑不知所措。

看着眼前一张张熟悉的脸，一向眼睛雪亮的我竟然无法判断。

正在这时，一个身影出现在门口。

是子旖！

会不会是她呢？于是，我半真半假地与她开起了玩笑："子旖，老师办公桌上那盒巧克力是你放的吧？"

她一惊，随后脸上露出了甜蜜的微笑，一双机灵的小眼睛看着我，她反问道："钱老师，你怎么知道巧克力是我放的呢？"

我心里有了底，便笑着对她说："呵呵，谁不知道钱老师是'火眼金睛'呀，你的一举一动怎么逃得过我的眼睛呢？"

她也呵呵地笑了，说："钱老师，不是我，真的不是我。"

我逗她："怎么可能呢，我猜就是你。"

她一脸坏坏的笑，就是不承认，还把救兵搬了出来："钱老师你不信，可以问××同学，她可以为我作证。"

我断定就是子旖，但无奈，她就是不肯承认。

这个机灵的小丫头一边与我"僵持"着一边察言观色。忽然，她悄悄凑近我的耳边，轻轻地说："钱老师，如果你亲我一下，我就承认那盒巧克力是我放的。"

我抬眼看她，她笑得有点得意，带点小小的"狡黠"。

那样的一张脸，清清爽爽的，我笑了，忍不住轻轻一吻。

小丫头小心翼翼地捂着被我吻过的脸，连蹦带跳回了座位……

晚自习结束，我去宿舍巡视。

走进子旖的宿舍，她笑眯眯地坐在床上，很专注地一眨不眨地看着我。

"怎么了，子旖，还不上床睡觉呀？"

她又笑了："钱老师，你过来。"

她靠近我，对我耳语："钱老师，你再亲我一下，我就承认那盒巧克力真的是我放在办公桌上的。"她将"真的"两个字说得异常响亮。

哈哈，我不由笑了。这个可爱的小丫头！

我轻轻捧起她的脸……

"钱老师，右脸！""钱老师，左脸！""钱老师，嘴上！"小丫头发出一连串的指令。

呵呵，我只能微笑着，按命令执行，乖乖听她的话。

"嗯嗯，好幸福啊！"她眯着眼睛，一脸沉醉。

"好，带着幸福，乖乖睡觉。"我拍着她的脑袋。

看着她心满意足地钻进了被窝，我也脚步轻快地回了宿舍。

今夜，应该有属于两个人的同一个好梦吧。

6. 遇见孩子遇见爱

遇见孩子，就遇见了世上最好的爱。

晚饭后，我与同事并肩而行。

几个女孩子嘻嘻哈哈地追上了我。

"钱老师，我们一致认为，你将头发披散在肩头最好看！"小静眨着明亮的大眼睛，一本正经地说。

"是吗？"我笑问。

"真的，钱老师，不骗你。你看你的头发长长的、卷卷的，很随意地披着，看起来好淑女、好优雅哦！"

呵呵，我乐了。这小丫头嘴巴很甜，可真会说话呀！

"好，从明天起，为了我可爱的学生，我要'披头散发'。"话还没说完，我自己就笑开了。

"好，哈哈！"女孩子们笑着蹦跳着跑开了。

回过头，我看见同事用很奇怪的眼神打量着我："你不会真要听这帮小鬼头的话吧？"

"是啊。怎么，不好吗？"

"做你的孩子真是幸福啊！"同事感叹。

我笑了。其实，有这样一群时刻关心着我的孩子，又何尝不是我的幸福啊。今天我因为穿了一套很休闲的衣服，便随意地将头发扎了起来。这帮小鬼头，居然连这点细微的变化也看在眼里呢。

生活在孩子的世界里，孩子早已融为我生命的一部分，与我紧密相连，息息相关。我的一言一行、一举一动、一颦一笑都反映在他们明亮的眼眸中，左右着他们的视线，激荡着他们的情感，甚至我的衣着打扮、身体冷暖、喜怒哀乐也时刻牵动着他们的心,他们视我为真诚可信的朋友、可以依赖亲近的家人。

"钱老师,听说你的论文得了一等奖,祝贺你哦!我们都是你的坚强后盾,加油!"

"老师,今天你没有对我们笑,是不是有什么心事呢?能讲给我们听听吗?你说过要'有难同当'的哦。"

"老师,你笑起来真好看,像个可爱的小仙女。记得要天天开心天天笑哦!"

"老师,天气冷了,记得要多穿些衣服哦。"

"老师,你的感冒好些了吗?记得要按时吃药哦!"

孩子的爱,小而细;孩子的心,纯而洁。点点滴滴,细细碎碎,如徐徐的微风,轻柔、舒缓;如密密的雨丝,自然、清凉。我时常一个人微笑着,静静地回味,细细地体味。这个时候,所有美好的时光重返我心,所有美丽的画面浮现于我的眼前。我的心里、眼里、耳中,满是孩子们活泼泼的身影,满是孩子们红扑扑的笑脸,满是孩子们清凌凌的笑声。一张张可爱的脸庞,一句句天真的话语,一声声甜蜜的呼唤,犹在身边,犹在眼前,犹在耳际。我的心仿佛被清水洗过,被花汁浸润过,像花瓣那样一小片一小片地展开,优雅快乐,冰清玉洁,宁静幸福……

我非常幸运,做了老师;我异常幸福,遇见了孩子们。

遇见孩子,是最好的缘分;守望孩子,是最深的幸福。

遇见孩子,就遇见了世上最好的爱。

7. 幸福得有些痛

我不知道自己为什么会流下泪来,幸福中夹杂着一丝丝疼痛……

傍晚时分，我与同事一起吃晚饭。

以前教过的学生小静悄悄地走了过来，静静地坐在我身边，细细地打量了我一会儿，才发话："钱老师，你知道今天我们在谈论什么话题吗？"

她的问题让我很惊讶，不知该说什么，我便老老实实地回答："不知道啊，很抱歉。"

她微笑着望着我，一字一顿："今天我们都在谈论，假如钱老师你不去教四（2）班，假如钱老师你还继续教我们班的话，那么今天和我们一起拍毕业照的就是钱老师了。"

我一愣，脸上的笑容僵住了，心里一阵难受……

小静的话还在继续："钱老师，我们都没办法和你一起拍毕业照，好难过啊！"这句话触到我的痛处了。只教了他们一年，没能陪他们到毕业，我何尝不难过不牵挂啊！

但我的确没有想到孩子在拍毕业照的时候，竟然还在牵挂着我。原来我在孩子们心目中的分量竟然如此之重！

打开博客，我读到了另一个学生李玺铭写给我的"悄悄话"。那不是留言，而是一个孩子的心声。

永远想着您

……试卷传到我了，我取出钢笔，像往常一样开始答题。突然，我瞥到了一行小字"命题人：钱碧玉。"

目光停留在了"钱碧玉"这三个字上，我顿时备感亲切："是钱老师出的卷子！"

重新把注意力转移到题目上，但我思考的却不仅仅是题目的答案。

第一大题是看拼音写词语。第一个是"wú gū"，呵呵，这个难不倒我，大笔一挥，写上"无辜"两个字。看到这个词，我想起了"无辜的眼神"，再由"无辜的眼神"想起了"天真纯洁"，而"天真纯洁"是被我与"可爱"记在一起的。

"可爱。"我小声地念出这个词,钱老师笑起来真的很可爱呢!想到这里,我悄悄地笑了。没错,钱老师笑起来眉毛弯弯的、眼睛弯弯的、嘴角微微上扬,用"可爱"两个字形容再恰当不过。

下一个词是"hé ǎi",和蔼,无论什么时候,钱老师都是"和蔼可亲"的!

接下来是"guàn gài",灌溉,我稍微疑迟了一会儿,"灌溉花的国土",这是课文里的一句话。这句话使我一下子想起了"滋润"这个词。"钱老师的爱滋润着我!"我为这个发现而兴奋不已。

此时,我已经不是在做试卷了,而是在品味试卷,努力从试卷里找出与钱老师有关的东西:钱老师的笑脸,钱老师的眼神,钱老师的想法……只因这是钱老师出的卷子!

虽然知道时间不够,但我还是仔细地、认真地从这张有着淡淡纸香的卷子上找着。每找到一丝,我都会欣慰地一笑。我知道,我总能找到的。

因为我心中,永远有一块属于您的净土。

爱您的孩子:李玺铭

泪水,无声无息地流了下来。我不知道自己为什么会流下泪来,幸福中夹杂着一丝丝疼痛……

正思维：我只看到你们的现在和将来

过去的一页应该轻轻翻过，一味记着孩子的过去是毫无意义的，对孩子而言更是不公平的。毕竟，孩子是"成长中的人"，是"变化中的人"。我不愿意戴着"有色眼镜"去看待孩子，我不希望握着"现有评价"将学生对号入座，我只希望看到学生的现在和将来！

——每一个孩子都是独一无二的生命个体，具有丰富的潜能和无限发展的可能性，不以僵化静止、一成不变的思维定式评价学生，不以"好"与"不好"给学生划分等级，更不以偏概全，以一时、一事过早定论。正思维，给孩子温暖、信心、希望和力量，是对生命的尊重呵护，对"人"的成全。

1. 我只看到你们的现在和将来

> 面对那些不自信的孩子，我首先想到的是帮助他们抛开过去的阴影，建立自信心，从而有个全新的开始。

那年我刚从师范学校毕业。我接手的班级是全校闻名的"差班"。今天，这个班被认为是毫无希望的孩子都已考入了大学。当他们重新相聚在我身边的时候，我发觉我们之间依然很亲密。我还是他们值得信赖的老师，他们依然是我眼中可爱的学生。

我感动，我的孩子们依然记得与我相处的点点滴滴；我惊讶，他们竟然记得我初为人师第一天穿的是一身嫩黄色的连衣裙，记得我对他们说的第一句话："过去只代表着过去，过去并不重要，我只希望看到你们的现在和将来……"

我的内心充盈着最初的激情。那时我年轻气盛，没去计较班级的好坏，相信自己能教好，坚信孩子们能学好。面对那些不自信的孩子，我首先想到的是帮助他们抛开过去的阴影，建立自信心，从而有个全新的开始。我没有向原班主任了解班级的情况，也没有去了解哪些孩子最怕学习，哪些孩子最爱调皮捣蛋，哪些孩子最不乖巧懂事、最爱冲撞老师，等等。我不想去了解，也不想知道。毕竟，那都属于过去。

过去的一页应该轻轻翻过，一味记着孩子的过去是毫无意义的，对孩子而言更是不公平的。毕竟，孩子是"成长中的人"，是"变化中的人"。我不愿意戴着"有色眼镜"去看待孩子，我不希望握着"现有评价"将学生对号入座。我更希望用自己的眼睛去发现，从自己的视角去观察，用自己的心灵去体悟，让孩子的人生从我手中开始，重新开始，从此改变！我相信孩子们一定能告别"旧我"，展现"新我"。给孩子机会，相信孩子！我所要做的，就是坚定地告诉他们：孩子，抛开过去，一切都是崭新的！我们携手，把握现在，脚踏实地，往前走！

于是，开学第一天，做了一番自我介绍后，面对几十双亮晶晶的眼睛，我由衷地说："孩子们，过去只代表着过去，过去并不重要，我只希望看到你们的现在和将来……"

教室里一片静默，异样的安静。看着一张张若有所思的脸庞，我想，所有的话语都抵不过这一句。

思想上一旦卸下重负，孩子们便像焕发了新生命的种子，神采飞扬，一个全新的班集体出现在我面前。语文课上，孩子们动情朗读，深情表达，积极讨论，敢于争辩，公开课屡屡受到好评。在学校举办的各项大型活动中，我班的孩子挑大梁、当主角，为班级争光。越来越多的科任老师向我夸赞孩子们的努力与进步。

记得有一天早晨，我与孩子们相约参加公益劳动，却因临时有事迟到。当我心急火燎地赶过去时，惊讶地发现孩子们已在班长的有序组织下干得热火朝天。看着他们欢快忙碌的身影，我心中的满足感油然而生。特别令我欣喜和欣慰的是孩子们与我之间的默契。每每我想到要去布置日常事务，开展班级活动时，总是发现自己晚一步慢一拍。很多事情，他们都是抢先主动认真完成，真正成为了班级的组织者和建设者。"先钱老师之忧而忧，后钱老师之乐而乐"，还有比他们更可爱懂事的孩子们吗？

在光阴的故事里回眸，那些缤纷的往事、那段以他们为背景的初为人师的特别感触，像心灵底片上抹不去的影像，徘徊在我心头。

"老师，你还记得小C吗？他考上重点大学了！"

怎么不记得呢？那是个多么懂事、上进、要强的孩子啊！虽然他父母做生意很忙，早出晚归，没时间照顾他，但他总是把自己的生活和学习安排得井井有条，从不需要父母操心。他在学习上表现出来的求知若渴，我想忘也忘不了。

"老师，你不知道吧？在你没教我们之前，小C一直是班里的差生呢！"

"是啊,他经常旷课逃学,不写作业,他父母还主动申请让他留过一级呢!"

过去的小 C 真是这样的孩子吗?我的心里充满了疑虑……

直到有一天我碰到小 C。在闹市中,他大声地叫住我并开心地奔向我,已长成大小伙子的小 C 很腼腆地用手抓抓头发:"钱老师,您还记得我吗?"

"当然记得,你一向是老师眼中的好孩子啊!"

"老师,有件事我一直没有告诉你,其实在你没教我之前,我一直是班级里的差生……"小 C 涨红着脸。

我笑了,拍拍他的肩膀说:"傻孩子,还记得老师的话吗?"

他的眼睛亮晶晶的:"我永远都不会忘记。'过去只代表着过去,过去并不重要,我只希望看到你们的现在和将来!'老师,是你的这句话鼓舞了我,也改变了我。谢谢你,老师。"他对我深深地鞠了一躬。

我的眼睛一点一点地湿润了,有什么东西在心中荡漾,将我淹没。我知道,是感动。忆起最初的时光,我庆幸自己曾用信心和耐心引领他们走过那段懵懂的岁月。

什么是教育?爱因斯坦曾说:"所谓教育,是忘却了在学校学的全部内容之后剩下的本领。"真正的教育不是浮于表面的虚假,而是深植于学生内心的道德、品行。作为教师,我们的一举一动、一言一行,将给孩子一生的成长以多大的影响啊!

2. 不能这样去惩罚

因为孩子没有按时完成作业,我就按照习惯思维将他留下来补作业,剥夺他快乐活动的权利,这公平吗?合理吗?

体育活动课的上课铃刚响,孩子们就像扑腾着翅膀的小鸟,欢叫着奔向了操场。

空旷的教室里,小阳孤独地坐着。窗外阳光灿烂,同学们欢呼雀跃,小阳愣了许久才收回了羡慕的目光。他低下头,黯然地注视着面前的作业本,机械地划动着手中的笔。我看着小阳落寞的神情,看了好久,有些不忍,脑海中忽然跳过一行句子:"没有你们在一起,光我一个人在这空旷的教室里,感到很寂寞。"这是前苏联教育家阿莫纳什维利在《孩子们,你们好!》中写给孩子们的话。静心思忖,这句话用来形容小阳此时此刻的心情,不是很贴切吗?因为孩子没有按时完成作业,我就按照习惯思维将他留下来补作业,剥夺他快乐活动的权利,这公平吗?合理吗?

我站起身,回到办公室,拿了羽毛球拍,兴冲冲地往教室走:"小阳,走,我们打球去!"小阳抬起耷拉着的脑袋,有些不敢相信自己的耳朵:"老师,你是在叫我?"看他半信半疑的样子,我笑了:"对啊,快走吧,听说你打羽毛球相当厉害,我可真想领教一番呢。"一听这话,他马上恢复了平日的活泼劲儿,滔滔不绝地说起了自己的学球经历……

果然,通过操场上几个回合的你来我往,我发现他打球的技术还真不错,发球接球显然经过专业的训练。原来他每周日都去参加体育中心的培训。我和小阳的对打引来了大批的围观者,同学们有的诧异,有的议论,有的羡慕,有的大声嚷嚷着也要和我过过招。小阳可得意了,他神采飞扬:"老师,和你打球真过瘾。"这句话正中我下怀。"那好,下节课咱们接着较量,到时你来办公室约我。"我笑语盈盈。

星期五,又是体育活动课的时间。铃声响起来的时候,我正坐在办公室里专心致志地备课。

"报告!"门外探进来一个小脑袋,正是小阳,"老师,今天还去打球吗?"

"去,怎么不去?我还没打败你呢!"话锋一转,我说,"可是,老师今天的课还没备完呢,你看怎么办呢?"我做出为难的样子。

他摸着后脑勺想了想:"老师,那你还是继续备课吧。"

我朝他一笑:"好,我听你的,今日事今日毕。那么,你先等我一会儿,让我把课备完,好吗?"

"没关系，老师，你备课吧，我等着。"

"那不好意思了，你先坐一会儿等等我。"我搬来一把椅子，让小阳坐在我身边。

小阳安安静静地坐着，看我埋头备课。

办公桌上，我的教案纸、文稿、书籍散落着，小阳有些好奇，禁不住拿起来细细地翻看……

约摸过了十分钟，我起身："哈，终于备好了，这下我们可以放心地去打球了。"我拉着小阳直奔操场，发现他的步子有些缓慢，我回头看他，他一副若有所思的样子。

我们几次交手，小阳心不在焉，连连失误。终于，他停住了手，吞吞吐吐地说："老师，我看我们还是下次再打球吧，我想先回教室把作业写完。"

"不打球了吗？"

"我还是先把作业写完了再来打球吧，老师，您说得对，作业没完成，玩起来心里不踏实。"

我暗暗高兴："那，下次还和老师打球吗？"

他点着头："下次，不，以后每次，我一定先完成作业再和您一起打球。"

我笑了："那好，刚才你陪我备课，现在该轮到老师陪伴你写作业了，好吗？"

"嗯，只此一次，下不为例。"小阳郑重其事地举起了他的小手指。

我微笑着也伸出我的小指。

"拉钩上吊，一百年不许变……"

3. 刺激懈怠

长久身处温柔乡中的我们，是否想过我们的责任在哪里？我们的尊严在哪里？我们是否还怀有朝阳般的理想和抱负？我们是否还有勇气和信念去改变、追求和创造?

事情缘于一封信。这天,我收到了以前教过的一个孩子写来的信。在信中,他关切地问我:钱老师,你现在教的五(3)班是个差班吧?你是不是很辛苦?常听我妹妹讲起你班的事情。妹妹说,在最近的各项比赛中,他们五(2)班把五(3)班打败了,是这样的吗?钱老师,你可别太操心哦……

我很感激他这么关心我。接班的时候,我早有心理准备,知道五(3)班是个全校闻名的"差班",但我并没有在意。我想,只要孩子们正视以往的不足,努力改正,循序渐进,我就很满足了。但"五(2)班把五(3)班打败了"这句不经意的话,还是伤了我敏感的自尊心。我有些黯然。回想这些日子,为了尽快端正班风、改变学风,我几乎忘记了自己还有一个家,还有一个需要照顾的孩子,忘记了自己还兼有妻子和母亲的身份和责任。我全身心地投入到班级和学生之中,与学生交流谈心,化解学生之间的矛盾,组织班级活动,接待来访家长……哪一天不是形色匆匆?当我披着朝露上班时,儿子还在熟睡中;当我踩着星辉回家,儿子已在睡梦里。难道,我全心全意的付出,我马不停蹄的忙碌,就只等来了这句话?

可是在心里,我不得不承认,五(3)班确实在很多方面不尽如人意。这么些年积攒下来的坏习惯,哪是一朝一夕可以改变的呀!我静下心来想了想,决定将这封信读给孩子们听。听听他人直言不讳的批评,听听他人"一针见血"的评价,或许能刺激他们,说不定也是唤醒他们心灵的一剂强心针呢。不仅要把信读给他们听,我还要推心置腹地对他们讲:长久身处温柔乡中的我们,是否想过我们的责任在哪里?我们的尊严在哪里?我们是否还怀有朝阳般的理想和抱负?我们是否还有勇气和信念去改变、追求和创造?我必须让孩子们了解我、走近我,让我们情感一致、想法共鸣,一起努力去书写崭新美好的一页。

那天的晚自习,教室里异常安静,孩子们正襟危坐,静静地听我把信念完。我一字一句读得很慢。信不长,但字字句句都像响鼓,重重地落在孩子们的心坎儿上。教室里长久地沉默着，孩子们从来没有像今天这般安静。面对着孩子们，我把烦恼、困扰以及希望和期待一股脑儿说出来。说到动情处，我禁不住泪水盈盈……

孩子们的面颊上闪动着晶莹的泪珠。我读懂了，那是羞愧的泪、自责的泪、悔恨的泪、理解的泪。知耻而后勇！无须我再说什么，一切尽在不言中！

忽然，小调皮小浩和小诚一前一后像约定好似的站起来振臂高呼："超越自我！""挑战极限！""维护尊严！"

他们俩的意外举动使大家一怔。惊愕了片刻，还未来得及擦去脸上的泪痕，教室里随即爆发出阵阵掌声。

在日记本上，孩子们感人至深的话语再一次让我的心一点一点地温暖……

"五（3）班输给五（2）班了吗？我觉得这个结论下得太草率了。虽然我们班现在可能不如五（2）班，但这并不表示我们永远不如他们。我们班在进步，我相信这进步是所有的老师都看得见的！"

"钱老师，听你读了那封信，我这才深深体会到我们是弱者。在这以前，我们从没有想过自己的行为会带来怎样的后果，更没有想到要去跟别的班比赛竞争。钱老师，你等着，我们会用实际行动证明给你看，我们不是弱者，我们不比五（2）班差！"

"钱老师，听你读着那封信，我的心仿佛被一把刀划伤了。我为我们的过去而感到羞愧，是我们的过去让所有的老师认为我们班是个差班。可是，那已经过去了。在您的带领下，我们长大了，不是吗？"

"我看过杨红樱的小说《漂亮老师和坏小子》，我觉得您就是那位漂亮老师。您一定能像书中写的那样，把我们班变成一个好班。"

……

我的心好热,我的泪挂在微笑的唇边。感动之余,更多的是欣慰和释怀!

幸福是朵悄悄绽放的花,也许我们不曾看到她的萌芽,抬头望去,孩子们正迈着稳健的步伐,大步向前。

4. 柔软的心

被那么多的人惦记着,被那么多颗心牵挂着,我常常感觉生命不单属于我自己,它还属于我的学生、我的职业。

"老师,你有一颗柔软的心。"打开第一本日记本,第一眼看到的就是这句话。我不由地笑出声来。呵呵,谁让我与学生那么亲密无间呢!在他们面前,我仿佛就是个透明的人,一览无余。所以,对于他们对我的解读,我早习以为常了。

记得有一次,你与我们一起看电影《忠犬八公》。忠犬八公与教授的故事深深地打动了我们的心,同学们都流下了感动的泪水。老师你坐在我们中间,与我们一起感动,一起流泪。那时的你,仿佛不是一个老师,而是同我们一般年纪的孩子。

你对我们很宽容,从不轻易批评指责我们。即使我们犯了错,你也能很快原谅我们。就拿今天的事来说吧。调皮鬼小骏又闯祸了,被喊到你面前时,他还满不在乎。这下,你可真有点生气了,温柔的脸变得严肃起来。见此情景,我们的心里都紧张起来。这时,调皮的小骏忽然冲你一吐舌头,扮了个鬼脸。同学们都忍不住笑了,你也忍不住了,像孩子一样笑了。看到你的脸上露出了笑容,教室里的气氛顿时轻松了起来……老师,你有一颗童心,更有一颗爱我们的柔软的心……

读完孩子的日记，我轻轻地舒了一口气。谁说孩子不懂事？谁说孩子不领情？老师的一言一行、一举一动，他们都看在眼里，记在心里。甚至我想，这种记忆可能成为改变他们命运的一辈子的回忆。就说小韬吧，虽然依然调皮，依然闯祸，但看得出他在很努力地改变自己。他曾经在日记中写道：

我给钱老师添了不少麻烦。每当我犯了错，钱老师不是责骂几句了事，而是很有耐心地与我交流沟通。钱老师经常对我笑，所以我很快乐。我想，当我改正了缺点之后，钱老师就会笑得更开心，我也会更快乐……

曾经有同事劝我别"心太软"，别与学生"靠太近"，但读着这样天真稚气的话语，我觉得我无法改变自己，也不愿意改变自己。我喜欢和孩子在一起。喜欢和他们走在一起，如知心朋友，说着悄悄话；我喜欢和孩子靠在一起，亲亲热热，仿佛和谐的一家人；我也喜欢和孩子玩在一起，无拘无束，一如他们的快乐伙伴。

教育应该是柔性的，如无形的风，徐徐地吹，留下清凉；如无声的雨，悄悄地下，渗透泥土。柔性的教育，是以人为本的教育，它使师生之间建立真诚、平等、友好的关系，没有认识上的权威控制，没有地位上的居高临下，没有年龄上的代沟分歧。它将严厉的批评化为温和的交谈，把空洞的说教化为耐心的引导，变冷落、排斥和轻视为理解、赏识和激励，它使师生之间有了思想上的真正交流、心灵上的真正相遇、精神上的真正共鸣。

常常，我们会"恨铁不成钢"，可是，"恨"了，"铁"就能成"钢"吗？我们也始终牢记古训"忠言逆耳利于行"，可是，为什么"忠言"就非得"逆耳"不可呢？我们也常说"刀子嘴，豆腐心"。可是，为何我们就不能收起"刀子嘴"，捧出"豆腐心"呢？我相信，很少有孩子能从"刀子嘴"刚硬犀利冷漠的话语中领会到"豆腐心"的好意。大凡做老师的，都巴望着学生好学上进，都希望学生出类拔萃，可是，如果教育方式不得法，不考虑孩子的个性特点，不顾及孩子的年龄特征，逆孩子的心理而为，不为孩子所接受所认可，那么教育就会事倍功半甚至适得其反。

不敢说我做老师做得有多出色，也不敢夸自己教育学生有多成功，但拥有一颗柔软的心，使我能够设身处地从孩子的角度，站在孩子的立场，想孩子所想，急孩子所急，关心孩子，体谅孩子，包容孩子；拥有一颗柔软的心，也使我更多地赢得了孩子的喜欢、信任和依恋。我们同欢笑同伤悲共幸福，彼此之间有深厚的师生情谊，更有真挚的朋友之谊。

每当节日来临，便是我最幸福的时候。一个个问候的电话，一条条祝福的信息，一张张精美的卡片，一句句动人的话语，还有一张张可爱的笑脸……幸福，将我紧紧地包围，把我的心填得满满的。

每当我身体劳累不适的时候，也是我最幸福的时候。当我坐着批改作业时，乖巧的学生便轻轻地帮我捶背；当我嗓子嘶哑疼痛，办公桌上总是悄悄地多了"金嗓子喉宝"；听说我感冒咳嗽，学生家长也会在百忙之中送来止咳的良药。被那么多的人惦记着，被那么多颗心牵挂着，我常常感觉生命不单属于我自己，它还属于我的学生、我的职业。所以，我也常常感谢我的职业——在给予中获得，爱人者被爱。

永远记得那年感恩节的早上，我骑车来到学校，看到早已经守候在校门口多时的我的学生们。四十个孩子，齐刷刷地站在寒风中，只为在第一时间向我说一声"感恩节快乐"，只为亲手送上他们亲手折出的 365 颗幸运星……

永远记得有一次病愈返校，我去接送点接学生。所有的家长与孩子看见我，一齐向我奔过来。一双双热切的眼，一张张热情的脸，我被一股股热腾腾的气息包围着。我的手被许多热乎乎的手紧握着，我的耳边回荡着一声声热切的问候。那场景，永远定格在了我的记忆中……

永远记得我的学生与我共同度过的美好时光，永远记得离别时我们流下的伤心泪水，也永远记得多年以后我与学生的美丽约定。

我相信，一颗柔软的心给予学生的，将是一辈子的温暖与幸福。

5. 另起一行，每个人都是第一

得第一并不难，只要愿意另起一行，每个人都是"第一"。难道第一就必须是考试得第一名吗？难道绘画得第一就没有成绩第一名来得重要吗？另起一行，谁不是第一呢？

有个女孩，每天都第一个到校，第一个到教室。同学在途中遇到她，问她为什么每天都那么早到校，她带着腼腆的笑容回答了这个问题。

原来，她的学习成绩不怎样，长相也普通，在家里排行中间，她从来不知"第一名"的滋味是什么。某次，当她第一个到达教室时，竟意外地获得了"第一名"的喜悦。她向同学袒露着心中的小秘密，周身散发出喜悦的光芒。不料，接近教室的时候，她的同学一个箭步推开了教室门，"第一个"冲了进去。她忍住泪水，脱口而出："第一，是我的，你怎么可以……"她说不出下面的话，她连这个"第一"也失去了。

这个故事触动了我的心，我能理解小女孩的心理。我知道在我的班里，有很多孩子怀着与小女孩同样的渴望。他们得不到学习上的第一，在教室里默默无闻，就像被遗忘在角落里的不起眼的野花，缺少关注，更无人欣赏。其实，这些孩子何尝没有属于自己的精彩呢？

小涞皮肤黑黑的，身材胖胖的，成绩并不出众，考试经常是最后几名。或许正是因为这个原因，他与我也并不亲近。偶然的一次，我从别的家长口中得知他的国画画得特别好，心中一动，于是找他来聊天。他坐在我面前局促不安，不敢抬眼看我。但很快他惊讶了，我并不是批评他考试考砸了，也没有叮嘱他要努力学习，追上同学们的步伐；我与他聊的竟然是他学画的事情。我仔细询问他绘画的一点一滴：几岁开始学画的？跟着哪个老师学画？

第一次的绘画作品还珍藏着吗？最擅长画什么？能否将绘画作品带到学校让老师同学欣赏……

小家伙一下释然了，慢慢打开了话匣子，情不自禁地说起了他的绘画经历。对于绘画，我基本上一窍不通。那天，在小涞面前，我老老实实地当了一回学生。

过了不多久，小涞兴冲冲地来办公室找我，他的手里拿着一幅画，说是要请我欣赏。我打开来看，果然，小家伙的绘画已经颇见功力了。他画的是绣球形的重瓣牡丹，国色天香，富贵华丽。我看了禁不住连声叫好，同事们也围了上来，对他的画啧啧称赞。小涞胖乎乎的脸上洋溢着欢快的笑容，脸上的小酒窝深深的。

就这样，小涞与我熟悉了，几乎到了无话不谈的地步。有一日，他悄悄靠近我，欲言又止，迟疑了半晌，最终还是下决心问我："钱老师，你喜欢我吗？"

我毫不犹豫地说："喜欢！"

小涞咧开了嘴，有些惊喜，似乎又不太相信："可是，我的学习成绩一直是班上倒数的……"

"傻孩子，你的绘画水平在咱们班可是最好的，你是第一名哦！"

听了我的话，小涞开心地笑了。后来小涞考取了本市的一所美术专科学校，学习他感兴趣的国画。毕业前夕，他送给我一份礼物作为留念——一幅已经装裱好的画，画面上依然是雍容华贵的牡丹花。我开玩笑地对他说："我一定会将这份珍贵的礼物好好珍藏。说不定将来有一天你成了名画家，这幅画就增值了呢，这可是大画家的真迹啊！"他不好意思地挠挠后脑勺，呵呵笑了。

一位哲人说得好："在各种排列中，任何人都想得第一。其实，得第一并不难，只要愿意另起一行，每个人都是'第一'。"是的，得第一并不难，只要愿意另起一行，每个人都可以是"第一"。难道第一就必须是考试得第一名吗？难道绘画得第一就没有成绩第一名来得重要吗？另起一行，谁不是第一呢？声音甜美的小芸讲故事不就得了第一名吗？平时默默无闻的小旭做起内务来不是又快又好吗？调皮鬼小朱不是我们班有名的"飞毛腿"吗？小琦哪一天不是第一个早早到教室为同学们开门开窗的？在生命的世界里，每一个人都是独一无二的自己，每一个人都有与众不同的精彩。

只要我们愿意"另起一行"，从不同的角度、用不同的眼光评价欣赏个性相异的孩子，每个孩子都会在不同的排列中找到属于自己的"第一"。

6. 留住悔意，留住机会

看来，这孩子并不像同事们所说的不可救药。他懂羞耻，也有悔意，如果我此时再来个"兴师问罪"，那岂不是连他心底的这点悔意都抹杀了吗？

刚接手新班不久，班里的小陈同学就给我来了个"下马威"。数学课上，他公然和老师顶嘴。老师批评他，他很不服气，嘴里骂骂咧咧。数学老师一气之下让他站着听课，他倒好，竟然背着书包扬长而去。

"这孩子太不像话了，叫他家长到学校来。"

"是啊，当着他家长的面，好好教训他！"

"对这种孩子不能客气，你可别太好说话哦！"办公室里的同事议论纷纷。

闻讯，我真是又担心又气恼。担心的是他这样负气跑出去，万一发生什么事，可怎么得了？气恼的是想不到担任班主任才几天，班里就出了这种事。最让我生气的是，这个孩子竟然无视老师、无视学校的纪律，擅自跑回家，这一举动在同学中造成了十分恶劣的影响。

但此刻，最要紧的还是把他找回来。

我心急火燎地骑车直奔小陈家。一路上，想着同事们对我的"谆谆教导"，我暗暗下了决心："对，得给他来个'下马威'，看他下次还敢不敢一走了之。"

到了小陈家，小陈的父亲接待了我。他告诉我，小陈对他说身体不舒服，老师让他回家休息。我暗自好笑，这孩子，谎话倒是编得挺圆。

看着饱经风霜的小陈父亲，我没有说明来意。跟着他走上楼，一看，好家伙，小陈正在床上躺着呢。一见到我，小陈腾地就站了起来，脸随即涨红了。小陈的父亲笑呵呵地说："你看老师对你多关心，来看你了。"

看着毫不知情的小陈父亲，我硬生生地把到口的话又咽了下去。我接过他父亲的话茬，不露声色地说："是啊，老师来看看你的病有没有好一点。"边说，我边悄悄察看他的反应。

一听我说这话，小陈的脸更红了，他低下头不知所措地站着，好像一只小绵羊，不敢正眼瞧我一眼。看来，这孩子并不像同事们所说的不可救药。他懂羞耻，也有悔意，如果我此时再来个"兴师问罪"，那岂不是连他心底的这点悔意都抹杀了吗？这个时候，他需要的是老师拉他一把，我怎能再把他往外推呢？

再三寻思，我决定帮他圆这个谎。

小陈父亲说："老师，是不是我们家孩子又在学校闯祸了？"

我看了看小陈，他也正抬头看我。一遇到我的目光，他的眼神便黯淡了，头也垂下来。看来，他是等着挨批了。我笑着说："哦，小陈在学校表现不错，只是有些任性，有时爱耍点小脾气，孩子嘛，正常的。"

小陈父亲叹了口气，"以前老师来家访，准是他又干坏事了。不瞒您说，看见老师登门，我总是提心吊胆的。"

我说："我今天来，主要是来看看他，顺便告诉他好好养病，落下的功课我会帮他补的。"

"这我就放心了。老师，孩子调皮不懂事，让您费心了。"

我看了看小陈，他始终低垂着头一声不吭。我说："这样吧，小陈，今天你就在家好好休息，明天再来学校上课，好吗？"

小陈终于抬起了头，他望着我，眼中有什么在闪动："老师，我跟你一起回学校。"

"你不休息了吗?"

"我没事了。"

"真的?"

"嗯!"

看着他那坚定的眼神,我点了点头。

走出家门,小陈就对我说:"老师,谢谢你。相信我,我会改。"我知道他的话是真诚而发自内心的。

那天,我和他边走边聊。我们走得很慢,聊了很多。他说他听的批评太多了,老师的家访只是"告状","告状"之后便是父母无休止的责备,如此恶性循环,他索性破罐子破摔……

小陈的话引起了我的深思。苏霍姆林斯基曾说,我们的教育对象的心灵绝不是不毛之地,而是一块已经生长着美好思想道德萌芽的肥沃的田地,教师的责任首先在于发现并扶正孩子心灵土壤中的每一株幼苗,让它不断成长,逐渐除掉自己缺点的杂草。对于后进生来说,这些萌芽往往被各种缺点的"杂草"掩盖着。也因此,比起其他孩子,后进生犯错误的时候会多一些。问题是当他们犯错时,教师持怎样的态度呢?是用暴风骤雨般的训斥,解一时的心头之气?还是保持清醒的头脑,以冷静的态度,用宽容和谅解来处理孩子的错误?我想,谩骂、冷落、歧视、指责只能严重地挫伤孩子的自尊心和自信心,使他们自暴自弃,使师生关系更加恶化,使教育效果适得其反。这么一想,我释然了。

从那天开始,我惊喜地看到,重返课堂后的小陈同以前判若两人,他用行动书写着改正缺点的信心和决心。

一天,数学老师惊喜地告诉我,小陈在数学单元检测中竟然考出了95分的好成绩。他说,这可是"史无前例"啊!我不由地笑了,心想,这个谎,我还真是圆对了。

7. 批评可以是甜的

明明该批评，却变成表扬……这样的教育方式，却让我更多地收获了学生的尊敬与信任。

古人云："良药苦口利于病，忠言逆耳利于行。"此话确有一定的道理。但是，良药苦口，必定使人难以下咽。批评，怎样才能取得积极的正效应，既能达"逆耳忠言"之效，又让人有豁然开朗、如沐春风之感？

（1）批评可以是不动声色

课间，一位同学把捡到的一个纸团交给了我，说是在打扫教室时发现的。

展开一看，是刚才语文测试时的试题答案。再仔细一看字迹，竟然是一位平时学习一贯认真踏实的好学生写的。

怎么办呢？如果当众批评他，一定会伤他的自尊心，更会引起其他同学对他的非议。

正巧，数学老师捧着一大摞本子进来了，见着我就说："唉，这帮小马虎，一个个不写名字……"

听了数学老师的话，我心中一动，连忙接过作业本说："来，让我来发本子，同学们看看老师发得对不对。"

我一个一个地点名，孩子们乐呵呵地应着，一个不差！有孩子在一旁惊讶地张大了嘴巴："哇，老师真是'火眼金睛'啊，居然认得出每个同学的笔迹。"

我不动声色，继续点将。喊到他时，他的脸猛然涨红了。

后来，这个一贯羞怯的孩子主动找到我，向我说明了事情的原委，勇敢地承认了错误，并发自肺腑地说了声："老师，谢谢您！"

（2）批评可以是温馨关怀

这是一个学生的作文：

那一次，您在给我们上晚自习。也许是星期天在家玩得太疯的缘故吧，课上，我怎么也提不起精神来，竟然打起了盹。尽管同桌一再地提醒我，可我的头依然忍不住耷拉下来。

我知道，您早已把这一切看在眼里。原以为等待我的是一场"暴风骤雨"，却不料您没有责怪我，也没有当众批评我，只是若无其事地走过来，拍拍我的肩膀，递过来一条毛巾，轻声说："小颖，累了吧？去洗把脸吧！"

老师，您知道吗？那一刻，我感动得差点哭了出来，我的心里充满对您的感激……

虽然这件事已经过去好久了，但每次想起来，我心中依然感到温暖。再过不久，我将离开母校。离别之际，请允许我再次对您说声："老师，谢谢您！"

（3）批评还可以是表扬

下课后，英语课代表找到我，告诉我小瑶在英语课上传纸条。我一听，生气了。这个小瑶，每次英语考试都不及格，我正担心她的毕业问题呢，她倒好，上课不专心听讲，还传起纸条来了，这还了得？！这次，非狠狠地批评她一通不可。

我找来了小瑶。可能已经知道我找她的原因了吧，小瑶站在我面前，低着头，一脸羞愧，不敢抬眼看我。

我向她伸出了手，低沉而有力地说："给我！"

她的脸更红了，支吾着说："没有了，我把它扔了。"

"扔了？"我提高了嗓门，"扔哪儿了？"

"扔纸篓里了！"

"真的扔了？"

"真的扔了，我把它撕碎后扔掉了。"她几乎要哭出来了。

我还能再说什么呢？孩子已经知错了。既然如此，我又何必再批评她呢？何不给她一个台阶，让她自己走出错误与尴尬呢？

于是，我缓和了一下情绪，平静地说："你做得很对！你把纸条扔了，说明你知道上课传纸条是错误的，扔了纸条，也扔掉了错误。我相信你以后一定会一心一意听课，我也相信你的英语成绩一定能有所提高。"

小瑶慢慢地抬起了耷拉着的头，似乎有些不太相信我的话，她疑惑地望着我。见我朝她点头，她才放松开来。离开办公室时，她说了声："谢谢您，钱老师！"

我知道，这是一个孩子的真情流露。

有同事质疑：明明该批评，却变成表扬，这样的教育方法是否合适？我笑笑，不作声。

很奇怪，这样的教育方式，却让我更多地收获了学生的尊敬与信任。

第三章
正态度：教育就是保护

教育可以是唤醒、等待，可以是激励、鼓舞，但教育更应该是保护。教师应该像对待荷叶上的露珠一样小心翼翼地保护孩子的自尊、呵护孩子的心灵、维护孩子的权利、捍卫孩子的童年。

——正态度支配我的教育行为，决定着我的教育方式：谨言慎行，善施教化，温润如玉，用温柔的眼神和慈爱的双手呵护每一个生命，让孩子享受童年生活，成为纯真本色的孩子，成为不可替代的独一无二的自己。

1. 放飞

理由很简单：因为课程表上安排的是体育活动课，那就不能挪作他用，必须上体育活动课！因为孩子们喜欢这样的课！

六年级毕业考试前夕，数学老师找到我，跟我商量，能否将一节体育活动课改为数学课。她说，刚刚批完试卷，发现错误非常多，想利用一节课的时间给孩子们讲解错题。

数学老师是退休之后再次被学校返聘的非常认真负责的老教师，她提出这样的要求无可厚非。我没有多想便答应了。但在课堂上，却出现了令我意想不到的一幕：几个孩子闹情绪，跟老师作对，可把老师给气坏了。

下课后，数学老师向我反映了情况，连说孩子们不懂事。我将那几个孩子找来，问他们是怎么回事。

孩子们一点都没有觉得自己做错了，理直气壮地说："课程表上明明写的是体育活动课，凭什么要改上数学课？"

我忽然词穷了。怎么向他们解释呢？说老师是为了你们好，放弃了休息的时间，给你们评讲试卷很辛苦很不容易？可学生分明不领情啊！不光他们，还有另外一些孩子呢？虽然没有在行为上表现出过激的情绪，但他们的心里是怎么想的呢？他们是否也愿意将体育活动课改成数学课呢？作为老师的我们在课堂上认真负责地给孩子们讲解分析着错题，有多少孩子在认真听讲呢？将孩子们喜欢的课换成了老师需要的课，这样做到底有没有效果？我忽然疑惑了。

多年前的这一幕始终在我眼前闪现，尤其是在临近期末考试的时候。

刚下课，几个孩子就跑进我的办公室："钱老师，下一节的体育活动课还上吗？"我笑笑，故意不回答。孩子们偷偷观察着我的脸色。一个孩子小心地试探着："钱老师，体育活动课应该要改成复习课了吧？"另一个孩子则一本正经地说："凭我对钱老师的了解，我想体育活动课肯定会上的。"我笑了："哈哈，你怎么知道的呀？"他胸有成竹地说："凭直觉！"呵呵，这个小家伙！

铃声响起，我迈步走进教室。教室里很安静，孩子们端坐着等待我的"决定"。我说："这样吧，我来做个民意测验：想上体育活动课的请举手！""哗"的一下，全班孩子都高高地举起了手！我笑了，又问："不想上体育活动课的请举手！"我当然知道，没有一个孩子会举手。我故意这样说，想逗逗他们。果然，孩子们四下里张望，顿时心领神会。

我笑问："为什么想要上体育活动课呢？请给我一个具有说服力的理由！"

小钱同学将手举得高高的，大声说道："生命在于运动！"

"说得好！生命在于运动，健康的身体是学习的前提和保证！"

小菲笑嘻嘻地说："为了减压！"全体鼓掌。

小汤同学说："发展体育运动，增强人民体质！"哈哈，搬出名言来了！

"为了让中国足球踢进世界杯！"又是一阵笑声。

"钱老师，我们也是为你着想。你想想，将体育活动课改成了复习课，我们累，你也累呀，你也要学会放松自己呀！"

呵呵，这帮机灵的小家伙真是伶牙俐齿！

"最重要的一点是，上体育活动课是我们所有同学的心理需求。"一群孩子忽然齐声喊出了"心理需求"四个字。

对啊，孩子的心理需求。这才是最重要的。

孩子们需求什么呢？快乐、自由、放松、身心的解放……

我知道，如果再追问下去，孩子们还有很多个理由。

其实，不需要这么多的理由。理由很简单：因为课程表上安排的是体育活动课，那就不能挪作他用，必须上体育活动课！

把体育课还给孩子！因为孩子们喜欢这样的课！

我好像"领头羊"，意气风发地走在队伍最前面，后面跟着蹦蹦跳跳的一群孩子，热热闹闹地赶往大操场。放眼望去，偌大的操场只有我们一个班级。多么难得的机会啊！孩子们乐得大叫："今天的操场属于六（5）班！"是的，今天，绿茵茵的操场是属于我们的！高高的篮球筐是属于我们的！宽大的排球场也是属于我们的！

像挣脱了缰绳的马儿，孩子们张开双臂，撒开双腿，奔向自己的快乐天地，多么自由自在啊！此刻的他们没有了作业压力，没有了试卷烦恼，没有了重重心事和愁眉苦脸！长绳甩起来了，宛如催人奋起的鼓点，孩子们在长绳中间来回穿梭；一个个毽子上下翻飞，踢毽子的女孩宛如轻盈的舞者，灵动矫健，看得人眼花缭乱；一只蓝白相间的足球在场地上滚动，男孩子们围着它追逐奔跑叫喊。那些自封为"梅西""C罗""卡卡"的小家伙们兵分两路，像模像样地踢起了"世界杯"。

我也加入了孩子们的行列，与几个孩子一起挥动拍子，进行羽毛球比赛。换上了运动鞋的我在球场上奔跑、跳跃、扣杀，仿佛变成了孩子，精神焕发，激情洋溢……

学生小飞说："感谢钱老师，让我们在考试前的紧张时刻，尽情地'放纵'了一回，你对我们是那么好！"

2. 不做完美老师

当你有勇气向孩子承认自己也会犯错误、存在偏见的时候，当你有勇气向孩子承认自己不是完美无瑕的时候，你也就在"不完美"中成就了作为人的"完整"。

作为老师，我一直很在意在孩子面前保持老师的完美形象。

直到有一天——

我正在教室里批改作业，有两个孩子跑来告诉我，小计又欺负女同学了。

我一听，十分生气，这个小计，欺负同学是他的家常便饭。更令人气恼的是，每次找他沟通，他总是一副"事不关己"的模样，把错误全推到别人身上。

我找到他。这次，我没有像往常一样对他苦口婆心循循善诱，而是让他坐在座位上冷静地好好想想。岂料，他情绪激动，异常坚决地说，他没有做错什么，用不着考虑。见他这种态度，我更生气了，便把他冷落在一边，兀自批改作业。

10分钟过去了，他还是坐在座位上一声不吭。我抬头看他，竟然发现一向不轻易落泪的他在默默流泪，显得十分委屈和伤心。

难道是我错怪他了？我急忙站起身，走出教室找其他同学。经过仔细询问，才知道事情并非我想象的那样，这一次我真的错怪他了。我顿时傻眼了，该怎么办呢？从教以来，我一直努力做到最好，希望自己成为让孩子喜欢的无可挑剔的好老师，可现在……孩子们会怎么看待这件事呢？

我的心里充满了担心，我怕孩子们因此不再敬重、信任我，更怕此事会影响自己在孩子们心中的美好形象。但是，我知道我不能再有片刻的犹豫，因为我伤害了一颗无辜的心。

我快步走到小计跟前，掏出纸巾轻轻地擦去他脸上的泪，愧疚地说："对不起，小计，老师错怪你了。"一听这话，小计哭出声来。我心里惭愧极了，诚恳地对他说："小计，都怪老师做事太武断，老师向你道歉，请你原谅老师，给老师一个改正错误的机会，好吗？"谁知，他哭得更厉害了，不管我怎么问怎么劝都无济于事，他只是一个劲儿地摇头。

说也奇怪，打这以后，小计像换了个人似的，精神面貌焕然一新，再也不见有同学到我面前来告状了。我心里挺纳闷，好多次"旧事重提"，他却呵呵一笑，说："老师，你也太小家子气了吧？那事呀，我早就忘了。"

那是怎么回事呢？到底是什么改变了他呢？

一直到毕业前夕，谜底才终于揭开。我读到了他写的作文《老师，我想对你说》。

……那一次，您错怪了我。当时，我非常委屈，也十分生气。然而，当您走过来，真诚地向我表达您的内疚与歉意的时候，我震惊了。您是老师，您做错了事都有勇气承认，可我呢，每次犯错总会为自己开脱找理由。当时，我对您的不满早已化成了对您的敬意，您的行动为我做出了榜样，我决心改变自己。于是，您看到了现在的我。老师，您知道吗？我是多么庆幸这件事发生，我的内心深处对您是多么的感激！谢谢您为我的小学生涯画上了美好的一笔。

掩卷沉思，我感慨万千。没想到，竟是我那声"对不起"改变了一个孩子。

此番经历让我感动之余，更让我有了深刻的感悟：老师，你不必太完美！当你有勇气向孩子承认自己也会犯错误、存在偏见的时候，当你有勇气向孩子承认自己不是完美无瑕的时候，你也就在"不完美"中成就了作为人的"完整"。比较起来，孩子乐于亲近和信赖的不是将自己掩饰得如同"完人""全人"的老师，他们更需要老师真诚、坦白、质朴、诚实，这样的老师更富有人情味、更具有感染力，也是孩子最可信的朋友。

3. 孩子，你有你的100分！

我必须要告诉他：孩子，老师不会对你感到沮丧，因为，你有你的"100分"！

临近期末，他的各门功课越来越差。这次的词语默写，他又错了很多。周五放学前，我再三叮嘱他，回家后一定要将这些错误的词语重新默写一遍，他答应了。

周日返校后，我问他错误的词语默写了没有？他显得心事重重，低声回答说默写好了,但是没有批阅。我望着他,不知说什么才好。周五,我还特意嘱咐他妈妈,要她留心一下孩子的默写作业呢。哎,我轻轻地叹了口气,让他将默写作业拿给我批阅。接过他的默写本,我失望了,依然错误百出,根本就是乱写一通。我说:"放学后你到我办公室来订正词语吧。"听了我的话,他默默地走回座位……

第二天,他将此事写在了作文里。题目是"那一刻,我很沮丧":

又要被留下来订正作业了,又要到老师办公室里去了,又要很晚去吃晚饭了。那一刻,我很沮丧。但转念一想,这一切不都是我自己造成的吗?为了我,钱老师又要留下来陪我写作业了,又要很晚去食堂吃晚饭了……想到这里,我更沮丧了。

读到最后一句话,我怔住了——

只是沮丧钱老师有这样的一个学生。

他令我沮丧吗?扪心自问,某些时候,面对他学习上的不努力,我有过那么一丝失望,但从来没有过"沮丧",从来都没有嫌弃过他,更没有想到要放弃他。恰恰相反,我对他充满耐心和期待,帮助他一点一点地赶上其他同学的步伐。他的英语成绩很差,单词不会拼读,课文不会背诵,默写更是"惨不忍睹",为此,我专门安排英语课代表和学习委员轮流帮他补习,带着他一个单词一个单词地拼读,一遍又一遍地反复记忆巩固。甚至有时候,我亲自拿着英语课本检查他的英语单词拼读和课文背诵情况。但他的英语成绩依然没有起色。

他的语文基础更差,尤其是作文,不会通顺地写一句话,不会明确地表达意思。文章写成了流水账不说,还经常写着写着就离题万里,不知所云。每写一篇文章,我都要单独辅导他,手把手地教他,一句话一句话地帮助他修改。慢慢地，他的写作水平有了提高。

对他的每一点进步，我都很欣喜。每个周末，他妈妈来接他回家时，我总是要当着他的面，将他的点滴进步讲给他妈妈听，让他感觉老师对他的关注和期待。

可是，我完全没有料到，他对自己感到沮丧——不光为自己，还为老师。读着那句话，我隐隐感到了心疼。

在我的眼中，学习不是一个孩子的唯一。我关注的是作为一个人的"完整"。可是，他并不了解我的感受。他没有看到自己身上所有的闪光点；他看到的，都是学习成绩的阴影。生活在这个"阴影"下，他能不沮丧吗？

我必须要告诉他：孩子，老师不会对你感到沮丧，因为，你有你的"100分"！

他是班级里的"水果发放员"。每个午后，他都会兴冲冲地去学校水果房领好当日的水果，分发给同学们，再准时将水果篮送回。虽然只是一件简单的事，但他很有耐心，也很有责任心。那一天，他生病了，发着高烧，他妈妈来接他去医院输液。但没过多久，他又气喘吁吁地跑回来了，一脸着急的样子。原来，走到半路，他忽然想起忘记将水果篮送回水果房了。妈妈劝他说，同学们会帮他送的，不必担心。但他不肯，缠着妈妈非要半路折回。妈妈拗不过他，只好跟着他回教室拿水果篮。看着他肩上背着个书包、手里提着水果篮朝水果房的方向走去，我的心中无限感慨。

晨会课上，我讲起了此事，并说："在我们眼中，发放水果是一件很简单很平常的事情，但我们却能从平常简单的行为中读到很多可贵的品质。"孩子们一下子就领悟了：那是可贵的责任心、坚持不懈的耐心、为同学服务的热心、为班集体付出的爱心……我说："对啊，将简单的事情做好就是不简单，将平凡的事情做好就是不平凡。他牢记在心，并且做到了，真的很了不起！"掌声响起来，在同学们敬佩的目光中，他腼腆地笑了。

有一段时间，经过学校人文馆门口，我总会看到那里的水果篮堆放得乱七八糟，篮里的水果滚落一地，无人收拾。最近路过，我发现所有的水果篮都摆放得井然有序,地面一尘不染。谁整理的呢?正是他。恰好,学校领导也发现了默默做好事的他,对我讲起此事。我不禁感慨:这是怎样的一个孩子啊,他身上散发出的光芒,足以掩盖他学习上的不足。我把他每天主动整理水果篮的事迹讲给同学们听,教室里又是一片掌声。

为了让他感受荣耀,我特地请班级"小荷文学社"的小记者们去采访他。小记者们围着他,争先恐后问他各种问题,"众星捧月"一般。突如其来的"采访"让他措手不及而又激动不已,本来就不善言辞的他满脸羞涩,涨红着脸,说话都结结巴巴了。

小记者们写了广播稿表扬他,并将稿投到校园广播站。这件事使他一举成为校园的"新闻人物"。

因着他的这份责任心,我有意培养他当宿舍的舍长。他很意外,有些不知所措。我拍着他的肩膀,很认真地告诉他:"你能行!老师相信你能行!"

刚上任那会儿,他没有管理经验,宿舍内务经常被扣分,他十分苦恼。我给他出主意想办法,指点迷津,并请有经验的舍长帮助他、指导他。一段时间下来,他慢慢地适应了舍长的岗位,干得越来越好了,受到了生活老师的表扬。

他终于从自我封闭的"小世界"中走了出来,迈进了大家的"视野"之中,不再沉默。他快乐起来,神采飞扬,走起路来连蹦带跳的。

一年一度评选班级"魅力队员"的日子到了。按照惯例,只有10个名额。但这一次,我破例增加了一个名额给他。我相信,这份礼物一定会如新年的阳光,暖暖地照耀着他的心房。

颁奖典礼开始了。当我喊到他的名字时,他愣住了,在座位上失了神。直到周围同学大声提醒他,他才如梦初醒,急急走向讲台。在同学们热烈的掌声和热切的目光中,我将大红的荣誉证书交给他,由衷地对他说:"你的付出得到了大家的认可,恭喜你!"那一刻,他咧着嘴傻笑不停。

班级足球赛开赛那天,他自愿担任后勤服务工作。还没等我吩咐,他已经去学校超市买了两大箱矿泉水,气喘吁吁地搬到我的办公室。看着他涨红的脸,我表扬他,他害羞地躲到了门背后,只露出一张快乐的脸。

"……阳光是植物生长的要素之一,您也如阳光一般,是我成长的要素。与您同行,快乐美好;与您同行,幸福温暖……"我不敢相信,这是他写的话。

4. 亮一个漂亮的"相"

亮一个漂亮的相,赢得的是孩子对教师美好的第一印象,留在孩子心中的却可能是值得终生回味的难忘记忆。

(1) 接班第一思维——我相信,"没有永远的差班"

接手一个新班级,班主任首先要考虑的就是如何在新生面前"亮相"。"相"亮得好坏直接影响班主任在孩子心目中的形象,关系到孩子在心理上是否愿意认可并接受班主任,对今后班主任的工作将产生重要影响。

一般来说,孩子对新班主任总有种种好奇和揣摩,特别是后进孩子,更有一种"重新开始"的愿望。如果班主任能借"亮相"之机迎合孩子的这种心理,传递给孩子向上攀缘的"梯绳",就能打动孩子,激励他们奋发努力。

我曾经接手一个被称为"差班"的班级。这个班在老师们看来简直是块"烫手山芋",无人敢接,学校领导便指定我去担任班主任。

记得开学前一天,我正在教室里做着开学前的准备工作。8月底的阳光灿烂浓烈,我的心情也是一片晴好。新学期开学,每个人的心里都怀着新的憧憬和渴望,我也不例外。虽然知道这是个很不理想的班级,但我不计较、不抱怨、不气馁。既然已经接下了这个班,那么我的命运从此便与这群孩子紧密相连。我愿意与他们同呼吸共命运,因为这是我的班。

这时,负责巡视班级的同事走了进来。他曾经教过这个班,对这个班级的情况了如指掌。一看见我,他就恭恭敬敬地拱了拱手,朗声大笑着对我说:

"恭喜恭喜，恭喜你中奖！一个礼拜下来，准让你吐血！"他的话语和笑声都带着别样的意味，我心里很不是滋味。

说实话，同事的这番话对我打击很大，好比一盆凉水把我从头浇到了脚。我呆呆地坐着，沉默不语。

冷静下来之后，我忽然燃起了不服输的斗志。我相信，"差"不会是永远的"差"！我也相信，"坏"孩子不会是永远的"坏"！每个孩子都有成为好孩子的愿望！我可以影响他们，可以改变他们，我有这样的决心和信心。

由此，我也想到了与孩子们的第一次见面是何等重要。第一次亮相，我要带给孩子们些什么？我思考了很久……

（2）见面第一句话——"过去只代表着过去，过去并不重要……"

与好孩子相比，"后进生"通常具有明显的自卑感和失落感。他们胆怯、敏感、压抑，怕别人讥笑，怕别人揭"底"，更怕教师戴着"有色眼镜"，用老眼光看他。被尊重是"后进生"的心理需求。教师如果公正、公平地对待他们，尊重他们的人格，理解他们的心思，就能和他们"重新开始"的心理产生共鸣，使他们产生积极进取的动力，改变自甘落后的思想。

于是，在新学期和孩子第一次见面时，我讲了如下一番话：

今天是老师和你们的初次见面，你们在老师的眼里都是全新的。我没有向你们的原班主任了解班级的情况，也没有了解哪些同学最调皮、哪些同学最害怕学习等，我不想去了解。因为我认为，过去只代表着过去，过去并不重要，我只希望看到你们的现在和将来。

对优秀的同学而言，"优秀"已成为你的过去，"好汉不提当年勇"；对后进同学来说，"落后"只代表过去，你可以丢下包袱，轻装上阵。现在所有同学都站在同一条起跑线上，每一个同学都可以振翅高飞，在新学期中书写崭新的一页。

这番话效果好得很。课堂里有了生机,一些同学的眼睛里有了光芒,还有孩子居然咧嘴笑了。在日记中,孩子们这样写道:"老师,您说不管是好孩子还是差孩子,在您的眼里都是平等的。听了这句话,我很开心,这样我就对自己有了信心,我有信心去超越好同学。老师,您等着看我的行动吧!"

"老师,您的话真是说到了我的心坎儿里。这下我不用自卑了,也不必担心同学们会用老眼光看待我了。"

"钱老师,谢谢您对我们说这样的话。那一刻,我感动极了。从没有老师对我们说过这样贴心的话啊……"

……

(3)开学第一节课——"你们都是聪明的孩子!"

生活在无休止的批评之中,面对的都是不信任和漠视的眼光,这使"后进生"自惭形秽,自甘落后。他们对自己的优点视而不见,认为自己一无是处,不可救药。因此,教师首先要信任他们,相信他们的潜质,相信他们有良好的学习愿望,给予他们积极而又善意的引导和鼓励,帮助他们正确认识自己,悦纳自己,树立学习的信心。

新学期开学,我给孩子们上了"特别的一课"。

我说:"同学们,上课只需要带四件宝,你们知道是哪四件宝吗?"

孩子们说是文具盒、垫板、语文书、作业本……我微笑着摇头再摇头。

"啊!是哪四件宝贝呀?老师,你快告诉我们答案吧!"孩子们迫不及待地问。

我开始卖关子:"这样吧,让我们先来猜几个谜语,好吗?"

"好!"一听猜谜语,孩子们跃跃欲试。我说:"左一片,右一片,隔座茅山看不见。"

很快,一只只小手举了起来。"是耳朵。"有人叫道。

"恭喜你,答对了。"我转身在黑板上写了一个大大的"耳"字。

"上边毛,下边毛,中间一颗黑葡萄。"

"太容易了,是眼睛。"孩子们齐声喊起来。黑板上的"耳朵"旁多了一双"眼睛"。

我微笑依旧:"红门槛,白城墙,里面睡个红孩儿。"

"嘴巴。"有孩子大喊。一个方方正正的"口"又写在了黑板上。

"最后一个谜语:墙内有只桃,墙外看不见,隔墙用耳听,它在怦怦跳。"

"是我们的心脏。"孩子们异口同声。我工工整整地写上了一个"心"字。

"啊,四个谜底正好组成了一个'聪'字!"孩子们兴奋了。

"对啊,你们都是聪明的孩子!仔细看看这个'聪'字,你们发现了什么?"

有一只小手举得最高:"老师,我知道了!上课时做到用'耳'听,用'眼'看,用'口'说,用'心'去想,就能成为一个聪明的孩子。"

"老师,原来你说的四件'宝物'就是指眼睛、耳朵、嘴巴和心啊!"孩子们恍然大悟。

我点头:"是啊,这四件宝物缺一不可,只有它们全部到位了,都充分地使用起来了,才能成为一个聪明的孩子。"

孩子们开心地大叫:"哇!耳到、眼到、口到、心到,聪明原来是四合一呀!"

我说:"是啊,聪明就是四合一。你们有决心有信心成为一个聪明的孩子吗?"

"有!"全班群情振奋。一个"聪"字的要求就这样深深地镌刻在每个孩子的心里。

(4) 第一节班会课——"暂时落后不是落后!"

学习情绪低落,自暴自弃,是后进生普遍的心理。教师如果能针对这一心理特点,注意树立"后进"转为"先进"的榜样,讲述一些真实可信的、易于接受的名人故事,以情感人,就能使他们产生效仿的动力,起到激励的作用。

开学后的第一节班会课，我给孩子讲了数学家苏步青小时候的故事。

数学家苏步青读小学时成绩非常差，经常考全校最后一名，连续几年成为"背榜生"。于是，他破罐子破摔，干脆逃学，不听老师的课。

这时，教地理的陈老师找到了他。陈老师问："你父母送你到学校来干什么？"

"学习。"

"向谁学？"

"向老师学。"

"你不去上课，怎么向老师学？你父亲从家里挑米来交学费，你年年背榜，怎么对得起省吃俭用的父母？"一句话说得苏步青鼻子一酸，眼泪直流。

"别人看不起你，就因为你是背榜生。假如你不是背榜生呢？假如你考第一呢？谁会小看你？"

陈老师的一席话使苏步青茅塞顿开，他从此奋发向上。

这个故事对孩子们触动很大。有的孩子说，就是因为上课不好好听老师讲课，自己的成绩才会这么差，但暂时的"差"不等于永远"差"，只要努力，谁都可以进步。还有的说，我也要用好成绩来证明自己并不"差"，做一个让爸爸妈妈引以为豪的孩子。更有孩子说，不能让别人小看了我们班，只要我们彻底告别过去，我们班就能使全校的老师和同学刮目相看。

我高兴地说："说得对！同学们，你们的学习就像长跑，你们还只是刚开始跑，暂时落后不能算是落后。谁笑到最后，谁就笑得最好，裁判始终是站在终点线上的。我们一起来努力，后来者居上！"这番话打动了孩子们的心。"后来者居上"成为了每个孩子心中的铿锵誓言并最终成为了现实。

在以后相处的日子里，我发现孩子们与我特别亲近，也愿意与我交流，我们之间建立起了深厚的情谊。令我深有感触的是，每遇到写《我的老师》一类的文章，孩子们常常会不约而同地写到我，写开学时我对他们讲的那一席话，写到"聪明的一课"，写到"后来者居上"的故事。甚至，在毕业告别会上，孩子们还深情地回忆起我留给他们的"第一次"……

亮一个漂亮的相，赢得的是孩子对教师美好的第一印象，留在孩子心中的却可能是值得终生回味的难忘记忆。

5. 用一颗母亲的心来爱

我是一个老师，同时也是一个母亲。我做老师，不光是用老师的爱来教育你们，更是用一颗母亲的心来疼爱你们。

开学后，我将小婷的座位调到了小辰的旁边。做出这个决定的时候，我下意识地看了看小辰，我明白小辰的心里是不乐意的。但见他没有多大的反应，便将有所顾忌的心放了下来。

小婷太需要阳光的温暖与抚慰了。给她安排一个活泼开朗、成绩优异的同桌，或许会为小婷的学习与生活增添一些亮色。我是这么想的，也是这么对小辰说的。

小婷的学习成绩并不好，再加上自身不够努力，经常被老师批评。自然，她也成了同学们眼中的落后生。在教室里很少看到她的笑容，也很少听到她的声音。她总是一个人默默地来，默默地去，像一棵孤独的小草。

我的心生疼生疼的。好多次找她谈心，试图走进她的心里，但面对我，她始终是沉默地点头或摇头。望着她落寞的背影，我知道这孩子内心承受着太多的压力。父母对小婷寄予厚望，在她的学习上花费了很多心血，但事与愿违，她达不到他们的期望，内心的苦楚无人可以倾诉，于是小婷更加内向自闭，沉默寡言。作为老师，我明白，让小婷打开尘封的心门，让阳光照进她的心扉，是多么的重要。

接下来的时间，我一直留意观察小婷和小辰这一对同桌。当我将目光投向小辰时,小辰的神情极不自然,竭力躲闪。坐在一旁的小婷呢,总是精神不振地趴在桌上,默默地看书写作业。很多时候,两个人竟然是背对着背,互不往来的样子。

我觉察出了异样,当机立断,决定给小婷换同桌。我细细地打量每个孩子,反复地思量。终于,我的目光落到了小轩的身上。小轩内敛沉稳,善良忠厚,有责任心,是个可以托付重任的孩子。于是,我找来小轩。小轩面露难色,没有作声,这在我意料之中。谁不渴望跟好学向上、成绩优异、讨人喜欢的孩子做同桌呢?我了解小轩的心思,也很坦诚地谈了我的想法:"没有一个同学甘愿落后,小婷也是一样。在她孤独无助的时候,除了老师,我更希望还有同学的友谊给她温暖和阳光。小轩,你愿意伸出热情的手,去帮她一把吗?"小轩显然被我的话打动了,他点着头答应。"谢谢你!"我由衷地拍着小轩的肩膀。

小婷的座位再次调换,我的心也放了下来。就在这一天,我读到了小婷的一篇日记:

今天,我和我的同桌被分开了,我很高兴。我终于可以离开他了。桌上划有分界线,写作业时,我的手稍微超出分界线一点,他就要大声提醒我;学习上有了问题,我去请教他,他背对着我,当作没听见。每当此时,我的心里真不是滋味。和他做了几天的同桌,我都是在拘束中度过的。

现在,我换新同桌了,我很开心。我非常感谢钱老师,感谢你给我挑选了一个我非常满意的同桌。他曾经在我遭受别人冷嘲热讽时为我说过公道话,我十分感激他。平时我很少笑,但今天,我笑了,那是发自内心的笑。钱老师,我一定会珍惜和他做同桌的日子……

读着小婷的日记,我的心中有说不出的心疼。没有想到,一个座位给这个孩子带来这么大的感触。也因为这个座位,带给小婷这样大的伤害。心疼小婷,内心深处默默地承受了这么多,那些有形无形、有意无意的伤害,足以将一个孩子内心深处的希望和信心击垮。小婷，是多么需要阳光雨露的滋润啊！

于是，我找来了小婷："小婷，你所受的这些委屈为什么不对老师讲？你知道吗？你将所有的心事憋在心里，难受的是你，心疼的是老师。老师不止是你的老师，也可以是你的妈妈，老师是用一颗母亲的心来爱你疼你的呀……"

小婷仍然静静的，不说话。只是，她明亮的大眼睛里盛满了泪水，大颗大颗的泪珠从眼眶里滚落。我爱怜地将她拉到身边，拿起纸巾，轻轻地擦去小婷的泪水，让她依靠着我的肩膀，宣泄着心头的委屈。

我将小婷的文章在全班同学面前读了一遍。教室里异样的沉寂，孩子们是懂事的，不用我说什么，他们都能明白。但我觉得，我必须要说这些话："孩子们，我是一个老师，同时也是一个母亲。我做老师，不光是用老师的爱来教育你们，更是用一颗母亲的心来疼爱你们。当我读到小婷这篇文章的时候，我在想，假如是我的孩子，受到了这样的不公平待遇，作为母亲我会怎么样？答案只有一个，我会伤心，我的心会很疼。你们每一个孩子，不论成绩优异还是落后，不论长相俊美还是平凡，不论家境优越还是出身一般，都是我的学生，我的孩子，我爱你们每一个，不希望任何一个受到伤害。所以，也请你们像对待兄弟姐妹般包容、爱护身边的每一个同学……"

小轩稳稳地坐着，目不转睛地看着我，他一定懂我的话。小辰呢，垂着头，不敢直视我，他一定也懂我的意思了。

6. 爱着你的爱

一个好老师，应该想着学生的梦想，爱着学生的梦想，成全学生的梦想，为学生的梦想助一臂之力！

最近，班级里兴起了一股"足球热"。走廊内，一个纸团在滚动，几个孩子踢得正欢；操场上，一个矿泉水瓶在孩子们的脚下"腾空翻跃"；宿舍里，几个孩子追逐着一个小足球，在狭窄的过道内来来往往。

周五下午3点放假，家长来校接孩子回家，找不到孩子的人影了。找了半天，才在操场发现了大汗淋漓、忘乎所以踢球的孩子。

周五下午3点，是学校最为拥堵的时候。近百个班级的学生放学，人流如潮，熙熙攘攘，万一有什么闪失如何是好？再者，如果没有老师在场指挥，单是一群孩子在那里闹哄哄地踢球抢球，一旦发生安全事故怎么办？虽然理解他们，也很赞赏，更想支持他们，但经过一番掂量，我最终还是做出了违心的决定：为安全起见，没有老师或家长在场，不允许踢足球。

好长一段时间，孩子们沉寂了。但我知道，他们内心的渴望，如同埋在地底下的岩浆，时时在奔腾涌动，总有喷薄而出的时候。

果然，我发现了号称"校园明星队"的一群小家伙的秘密。他们将足球偷偷藏进了操场边的小花丛中，背着我，他们踢得可带劲了！

堵不如疏的道理我何尝不明白？说句心里话，我非常赞成孩子们踢足球，尤其是男孩子，在绿茵场上如骏马一般奔跑，像风一样自由，挥洒汗水，激扬青春，释放生命的活力……我有什么理由阻止一群朝气蓬勃、风华正茂的少年追逐梦想呢？况且，足球梦，也是中国梦！

一个好老师，应该想着学生的梦想，爱着学生的梦想，成全学生的梦想，为学生的梦想助一臂之力！

打定主意后，我决定在班内大张旗鼓地举行一次足球比赛——全员参与，全程参与。不光要让班内喜欢足球的孩子更喜欢足球，更要推广足球运动，让班里不懂足球的孩子也了解足球，走近足球，喜欢足球。

于是，我找来"校园明星队"的球员们开会商议，对他们谈了我的初步设想。小家伙们喜出望外，一个劲儿地向我道谢。

我说："这一次的足球比赛不只是我和你们几个的事情，我们要将它做大做强，让所有同学都参与进来并积极支持我们，让我们班的家长和老师都成为现场的观众,为我们加油助威,让足球运动在我们班级发扬光大。你们尽管大胆说出想法,老师和其他同学都将成为你们强有力的后援团!"一席话,听得孩子们摩拳擦掌、激动不已。

经过商议,孩子们决定将这次足球赛命名为——"德比杯"足球友谊赛,由"校园明星队"队员负责在班内海选参赛队员,外号"周梅西"的小周同学负责制作海报和上足球课。至于设计足球赛门票,中场休息跳啦啦操以及邀请家长等事宜,则由我来安排。

海选活动在班内如火如荼地展开。为了能进入参赛名单,孩子们使出浑身解数,哪怕是入选为替补队员,担任小裁判、解说员、球童和后勤人员,对他们来说,也是莫大的荣幸。

几经修改,几易其稿,由广告公司打印的巨幅海报贴在了教室的外墙上,引起了轰动。来来往往路过的学生都驻足观看。

在我的耐心指导下,小周同学花了整整两天的时间,认真备课,精心制作课件。课上,我让出讲台,请小周为大家上别具一格的——快乐足球课。在一段精彩的足球视频中,小周同学的讲课开始了。他从"足球运动的起源"娓娓道来,讲到"足球运动的兴起""足球运动的发展""足球俱乐部""世界著名球星"以及"中国足球现状""习近平主席的足球梦",最后隆重介绍班级的足球队员和他们各自的外号,内容翔实、丰富、精彩。小周同学的授课方式深入浅出。对于专业的足球术语的讲解,他采用观看视频的方式,化难为易。有同学提出不懂什么叫作"越位",他就画示意图,并请班级"校园明星队"的队员们现场演示。孩子们听得专心致志,饶有兴趣。更让我欣慰的是,随着讲课的深入,小周同学先前的紧张与拘谨慢慢地消失了,不知不觉中,他的嗓门亮了起来,会发问,能评价,更能与同学进行互动,眉宇间越来越自信,言谈也颇有"专业人士"的味道。

这一节足球课在班级内产生了很大的反响,孩子们的积极性被点燃,这也触发了他们设计门票的灵感。当计算机老师将53个孩子设计的门票电子稿发给我时,我赞叹不已,这都坚定了我将足球比赛进行到底的决心。

比赛需要场地。全校近百个班级上体育课，要想腾出整个操场为我们班级独用，谈何容易？此事几经周折，比赛时间也几经调整。无奈之下，我跑到体育老师处，查看全校的体育课程表。体育老师给我的答复是：一周之中，只有唯一的一个时间段可以利用，那就是周五下午3点之后。周五下午3点，按学校的作息时间安排，应该是我和学生们放学回家度周末的时间了。但为了这一场约定的比赛，我欣然应允，比赛时间就定在周五下午3点。

2015年4月10日下午3点整，江苏省锡中实验学校六（5）班"德比杯"足球友谊赛在学校大操场拉开了帷幕。在热烈的欢呼声中，小周同学发表了热情洋溢的开幕式致辞，两队的队长进行了慷慨激昂的宣誓。看到爸爸妈妈们举着邀请函，拿着足球赛门票，兴冲冲地来为孩子们加油助阵，小足球明星们乐开了花。当看到我专门邀请来的一位摄影很有水平的家长背着专业的照相器材，前来为足球赛拍照时，孩子们"哇"声一片。

比赛开始。"校园明星队"与"天宫十一将"两队的队员们精神抖擞，在绿茵场上你来我往，双方紧张激烈的进攻节奏让在场的观众屏息凝神、激动不已。有趣的是，"妈妈团"观看比赛，对孩子们的表现赞不绝口，喜滋滋的一脸笑容；"爸爸团"呢，都是懂球踢球的内行，一看场上形势不对劲儿，着急得又是口授技术又是猛做手势，恨不得冲上去助孩子们一臂之力，看得妈妈们直乐，连连嗔怪爸爸们"要求太高"。

上半场比赛，两队实力相当，在几次射门无果后，双方踢成平局。中场休息，按正规比赛程序，应是跳啦啦操。不会跳啦啦操，怎么办？我灵机一动，萌萌哒的班舞《兔子舞》不是动感十足、活力四射吗？于是，在我的带领下，六（5）班全体女孩子一起上阵，头戴"兔子"头饰，大跳"兔子舞"，为队员们加油助兴。活力满满、萌萌哒的兔子舞为足球比赛增添了亮丽的色彩。

在兔子舞的感召下，队员们再次角逐。"校园明星队"的小周同学大显球技，连续两次帅气的射门为本队连得两分。队员们的情绪被调动起来，士气更加振奋，攻击更加迅捷，外号为"施魏因斯泰格"的小施同学趁势再拿一分。"天宫十一将"的队员们受此打击,无力挽回局面。最终,"校园明星队"以3比0的辉煌战绩完胜"天宫十一将"队。"校园明星队"一片欢呼,"天宫十一将"队的队员们却悄悄地落泪了。

"不以成败论英雄"。我想到了颁奖。对,要给孩子们举办一个颁奖仪式:有醒目的光荣榜,有高高的奖杯,有耀眼的奖牌,甚至,奖杯上要刻有"德比杯"足球友谊赛的字样,奖牌上还得刻有孩子们的名字。这是给孩子们最美好的记忆,最永恒的纪念!经过一番努力,我如愿以偿,购买到了称心如意的奖杯和奖牌。

举行颁奖典礼的那天,我请来家长,由他们给自己的孩子颁奖,共享喜悦,见证荣耀。这个"创意"给了孩子们一个大大的惊喜。颁奖典礼上,一张张生动的照片伴随着喜气洋洋的音乐滚动播放,大红的光荣榜出现在屏幕上,当"冠军奖""金球奖""金手套奖""助攻奖"等一系列奖项呈现在孩子们面前时,教室里爆发出阵阵掌声。获奖的孩子们依次上台,接受颁奖。他们手捧奖杯,胸佩奖牌,笑意盈盈。颁奖的家长激动万分,拉着孩子们合影留念,拉着我合影留念……

家长们评价:孩子们人生的第一场足球赛,有巨幅海报,有入场券,有邀请函,有专职裁判和小裁判,有学生的现场解说,还有家长充当的临时教练和专业的摄影师,更有奖杯和奖牌,真是太精彩、太有范儿了!

同事夸我:碧玉,你一不小心就举办了一场"世界杯"!

而我此时想到的是:

因为爱着你的爱,

因为梦着你的梦,

所以快乐着你的快乐。

幸福着你的幸福……

7. 教育，是一件浪漫的事

我庆幸自己还有一颗敏感细腻的心，对生活还有着浪漫的情怀。这样的一颗心、一份情怀，使我能够在孩子们的世界里诗意地栖居，自由地呼吸。

（1）多年之后读孩子们的信

我收到远方的一封来信，是多年前的一个学生写来的。他在信中写道：

钱老师，我想起孩提时代所有的经历，小学六年级临近毕业时，你给我们过12岁的集体生日晚会至今令我难忘。

我很清楚地记着，那是一个明亮的月夜，居然停电了。我们点起了蜡烛，生日晚会就在闪烁的烛光中开始。生日蛋糕是钱老师亲自去蛋糕店预订的，蛋糕足足有三层，精美诱人。生日礼物也是钱老师亲自去饰品店精心挑选的。女孩子一人一把当时很流行的超可爱的卡通小扇子，可以自由折叠；男孩子每人一个很酷的钥匙扣，印有男孩子们喜欢的体育明星的头像。在我们心中，那一份礼物是无与伦比的。晚会的最高潮是点蜡烛，由一位女同学朗诵了一首诗。我至今记得其中的几句：所有的日子，所有的日子都来吧，让我编织你们，用青春的金线，用幸福的璎珞，编织你们……

明月、烛光、诗情、欢笑、温暖，钱老师，这是我度过的最浪漫、最诗意的生日晚会。

另一个孩子也在信中告诉过我：

钱老师，这么多年，我始终没有忘记你。想起你，就想起那个大雪纷飞的冬天，校园里一片银白。你带我们去堆雪人，打雪仗。我们一大群孩子，在雪地里欢快地奔跑、跳跃、追逐、打滚。雪的世界,是我们的世界!

当大片大片的雪花如白色的蝴蝶纷纷扬扬飘落的时候,你激情四溢,和我们迎着飞雪,大声地吟诵《沁园春·雪》:"北国风光,千里冰封,万里雪飘。望长城内外,惟余莽莽……俱往矣,数英雄人物,还看今朝。"银装素裹的世界,纷纷飘落的雪花,一群孩子和一个老师,壮阔豪迈的气势,嘹亮得仿佛穿越时空的声音,那样纯净,那样美好。

这幅画面至今温暖着我的心,使我难以忘怀。每次看到雪,看到雪花飞舞,我就想起了你——一个诗意浪漫的老师。

每次捧读这样的信件,我都会流泪。在这世上,有人把微不足道的我留在记忆里,对我而言,这不就够了吗?

一批又一批的孩子来到我的身边,我总在想,我的生命里,总有孩子们在等候。生命与生命相约,心灵与心灵相约,我要给孩子们的心田里播下点什么,留下些什么呢?我想,那就是一首歌里所唱的:一路上收藏点点滴滴的欢笑,留到以后坐着摇椅慢慢聊……

这是最浪漫的事。

(2)莫辜负在一起的那些时光

教育,是一件浪漫的事。这样的浪漫,不是刻意,而是自然,是一种心灵的感觉。

教室里正上着课,窗外忽然下起了雨。孩子们的视线转移了。斜风细雨,多么自然和谐!雨,刚交织成一张斜斜密密的网,风似乎故意和它开起了玩笑,"呼"一下,将"网"吹散了。雨不甘心,继续织网,风又和它做起了游戏。雨的世界,是适合遐想的世界。

于是,我放下书,停下笔,轻轻地对孩子们说:"孩子们,我们赏雨去。"孩子们这个乐呀,站在走廊里听风观雨,还真有些"斜风细雨不须归"的诗意和浪漫呢。

春天里，莫负春光。我和孩子们在春风中踏过窄窄的小径，去晒春光。田野里是漫天漫地的绿，一层一层，绿得发光，绿得鲜亮。一朵朵、一丛丛、一簇簇的小野花点缀其间，袅袅婷婷。偶尔来一阵风，仿佛说了什么笑话，草儿们、花儿们哗啦啦笑倒一大片。孩子们坐着、躺着、打滚、赛跑、嬉闹、摘野花、放风筝，有了和春天同样的诗情和画意。

夏夜里，莫错过星空。深蓝色的天幕，无限广阔与高远。星星点点，闪烁不定。一弯在云朵中飘移的月，莹润空灵。偶尔吹来柔和的风，凉爽惬意。我和学生们在深蓝色的夜幕下漫步、欢笑、嬉戏、追逐、望星空。我们坐在高高的露天舞台上，对着星空，迎着微风，唱着歌谣，讲着故事，朗诵着诗歌。夜风中，传来孩子们的声音，像小溪的流水，清亮悠长：

繁星闪烁着——
深蓝的太空
何曾听得见他们对语
沉默中
微光里
他们深深的互相赞颂

中秋节，莫冷落那一地月色。我和孩子们在校园的小树林里赏月。树影婆娑，在月夜里化成幻影。月亮圆润光泽，它的光辉穿过树隙斑驳地投在地面上，一片银白，一片澄明。孩子们三五成群，或坐或立，或倚或靠，嘴里品着月饼，抬眼望着月亮，笑意盈盈。

"孩子们，我们来对诗吧。"我提议。

描写月亮的诗多如繁星。孩子们眼睛一眨就是一句：

"小时不识月，呼作白玉盘。"

"明月几时有，把酒问青天。"

"海上生明月，天涯共此时。"

"明月松间照,清泉石上流。"

诗,赋予了月亮灵性;月亮,让诗的意境更悠远。周围纯净明朗,和谐安逸,只有躲在草丛中的小虫子传来轻轻的梦呓声。我和孩子们不再说话,静静地沐浴着月色。今夜,因了月亮,因了月光,孩子们是否会有一场好梦?

(3) 对生活怀有浪漫情怀

我很喜欢一首诗:

太阳在天上

风在自由地游荡

云的影子在树梢

低头,满地阳光

心情在远方

……

生命中,总会有些什么,一旦想起,我们会不自觉地微笑,我们的心会变得柔软。我庆幸自己还有一颗敏感细腻的心,对生活还有着浪漫的情怀。这样的一颗心、一份情怀,使我能够在孩子们的世界里诗意地栖居,自由地呼吸。

我不希望我的孩子们眼睛里看见的都是题目,耳朵里充塞的只是作业。长长的一生里,还有比这更重要的东西,那就是内心的快乐和安宁、生活的诗意和美好。

多年以后,如果我的孩子回眸一场雪、一首歌、一道月光、一个春天;如果那时,我依然在他们的时光里、生命中,倏忽闪现。

那我,无上光荣。

8. 欣赏

我欣赏每个与众不同的孩子，他们让我的教育生活与众不同。是他们告诉我，生活还有另外一种模样。

这个孩子站起来，涨红着脸大声说他不同意我的观点。继而他旁征博引，滔滔不绝。虽然他的观点漏洞百出，说话也语无伦次，但我还是微笑着耐心听他把话说完。我欣赏这样的孩子——他有勇气说别的孩子不敢说出口的话，他有勇气表达与老师不一样的见解与观点。

这个女孩一路走一路引吭高歌。她的嗓子沙哑，五音不全，显然不是唱歌的料。可你瞧她，旁若无人地唱着完全跑调的歌曲，完全不理会别人的嗤笑。我站在一边，微笑着看着她一脸阳光，从我面前走过。我欣赏这样的孩子——她有勇气唱与别人不一样的歌，她让每个人都看到了写在她心中的春天。

这个孩子的画实在说不上好：了无生气的色彩，粗黑浓重的线条，斑驳的画面……甚至你都分辨不出他画了些什么。在看了众多一成不变的画之后，我唯独挑出了他的那张，小心地收藏好。虽然它不美，虽然它与老师的要求相去甚远，但我欣赏这样的孩子，他有勇气画与别人不一样的画，他让我们看到了他眼中的独特世界。

这个孩子，真有些"自不量力"。明知千米赛跑他每次都是落在最后，却固执地缠着我非要参加千米竞赛不可。比赛的结果当然在我意料之中——他又是最后一个到达终点。可我还是热泪盈眶地迎向他，满怀深情地拥抱他。我欣赏这样的孩子——他有勇气做别人不敢做的事，他有勇气挑战内心深处的"自我"。

……

在我们都习惯于用听话、成绩为统一标准来衡量孩子好坏的时候，这些与众不同的孩子更让我赏识。是他们让我的教育生活与众不同，是他们告诉我，生活还有另外一种模样。

要欣赏每一个孩子，特别是要欣赏与众不同的孩子。

9. 女孩，绽放！

女孩子们的表情由一开始的懵懂、好奇、羞涩，慢慢地变得轻松自在，甚至生出几许喜悦自豪。

记得那一天，办公室的同事讲到她的班级已经有女生来例假了。同事的话一下提醒了我，我还没有在女生中了解过此事呢。按照惯例，我总是要到六年级时才会对孩子们进行青春期教育。现在，她们才刚刚升入五年级呢。

同事说："现在的孩子都发育得早，不信你去问问，说不定已经有孩子进入青春期了呢。"

晚上，趁着去宿舍巡视，我走进了女生宿舍。女孩子们笑得正欢，脸蛋红扑扑的，像朵朵绽放的花儿。

看到她们天真无邪，一副小毛丫头的样子，我犹豫着该不该问。寒暄几句之后，我切入了正题。怕她们有顾虑感到羞涩，我小心翼翼地试探着。没想到，孩子们哑然失笑。小唐同学大笑着对我说："钱老师，你干吗那么羞涩呀！你不就是想问我们'大姨妈'的事情吗？"我惊讶于她的落落大方，她却很自然地一笑："我早就知道了，我妈妈不是每个月都要来例假的吗？"再看其他几个女孩子，也都毫不避讳地互相揭着各自的小秘密。

原本以为她们会羞答答的，觉得难以启齿，没想到她们一个个大大方方的，我一下释然了。

我祝贺她们的成长，告诉她们，一个女孩子的成长就如一朵花儿的绽放。

来例假，意味着第一片花瓣已经舒展了，是多么美好的事情啊！

但说归说，还是有女孩子会感到害怕和不适应。

这天一下课，就有一个女孩急匆匆地跑进我的办公室，她慌慌张张，面红耳赤，极其难堪地对我说："钱老师，你有没有那个东东？"怕我听不懂，她一边说一边打着手势。就在我俯身将装有卫生巾的漂亮小包递给她时，她的嘴里忽然狠狠地冒出了一句："该死的！又来了！"我忽然意识到，青春期的教育是如此重要，这一课绝对不能忽视。

于是，我上网搜索，翻阅书籍，查找资料，并结合自己的经历和体悟，制作了精美的PPT。

"我是女生，漂亮的女生；我是女生，爱哭的女生；我是女生，奇怪的女生……"或许是动感十足的音乐和风趣幽默的歌词感染了女孩子们，拘谨扭怩的她们稍稍坦然了些，发出了会心的微笑。

"女孩子，天生纯洁，生性浪漫，是爱的天使，是美的化身……"在轻松愉快的《我是女生》的歌声中，《我骄傲，我是女生！》的讲座就在充满诗情画意的话语中开始了。

女孩子们静悄悄地坐在一起，神情专注，凝神聆听。什么是青春期？青春期的生理发育，青春期的卫生保健，青春期的心理变化，青春期的异性交往……随着我的讲述，一层层神秘的面纱被揭开。

教室里渐渐活跃起来，女孩子们的表情由一开始的懵懂、好奇、羞涩，慢慢地变得轻松自在，甚至生出几许喜悦自豪。孩子们不约而同，相视而笑。

接下来的互动环节颇为有趣。女孩子们发问，我一一支招。

"妈妈告诉我，女孩子进入青春期后注意力会分散，学习上就不如男孩子了，是这样的吗？"

"钱老师，我有写日记的习惯，可我又担心爸爸妈妈会偷看我的日记，怎么办呢？"

"钱老师，我和同桌比较合得来，难免会有交流，一些同学看见后就取笑我们，说我们俩是天生一对，我很苦恼。"

……

渐渐地，女孩子们的眼光瞅准了我。她们坏坏地笑着，开始针对我了。

"钱老师，你是什么时候进入青春期的？当时你害怕吗？"

"钱老师，学生时代的你遭遇过朋友的背叛和嫉妒吗？"

"钱老师，有男孩子偷偷喜欢你、追求过你吗？钱老师，实话实说哦！"小荣的话刚说完，我和女孩子们都忍不住笑了起来。

"说嘛说嘛，钱老师，别害羞嘛，讲给我们听听吧！"抵不过女孩子们的可爱撒娇，我老老实实地讲起了心中的"小秘密"。孩子们的眼睛亮晶晶的，听得很入神，不时开心地笑着。特别是刚刚发问的小荣，那样动容地看着我，她用眼睛告诉我，她懂得欣赏。

讲座的最后一句话，我献给所有的女孩子：我是一朵花，我要绽放属于我的美丽！

有一天，我刚走到操场。站在出操队伍中的小严就急匆匆地跑到我跟前，对我耳语："钱老师，我来例假了！"我大喜，一把抱住了她说："真的？太好了！小严，祝贺你的成长！花儿要绽放啦！""谢谢钱老师！"听着我的话，小严喜滋滋地回了队伍。

当晚，我读到了她的日记。在日记中，她这样写道："今天我来例假了，内心不免有些惶恐。当我忐忑不安地将这件事告诉钱老师时，钱老师热情地拥抱了我，并笑着祝贺我长大了。好朋友们知道了，也纷纷向我表示祝贺，对我嘘寒问暖……在此，我也想对我们班所有的女孩子说，来例假可千万不要恐惧害怕哦，我们应该感到欣喜和自豪。因为，我们像花儿一般要绽放啦！"

第四章
正视角：让所有生命都幸福

　　教育，需要教师拿出自己的良知，捧出自己的良心，用佛陀般的慈爱和关怀，用悲天悯人的情怀，包容每一个孩子，呵护每一个生命，拥他们入怀，温暖他们，让所有生命都幸福！

　　——关注学生当下的生命状态，点化、润泽、激扬生命，提升生命尊严和生命质量，促进生命成长，是教育的真正意义所在，是教师坚定不移的责任所在。教育的正视角让我恪守一个教师的教育情怀：哪怕寻常卑微，但生命无价，尊严无价，都值得用心呵护。

1. 成为孩子生命中的"贵人"

如果我个人的教育行为能够在孩子最初的生命历程中,拨开一丝光亮,指点迷津,能够成为孩子们生命中的贵人,那真是我的荣幸啊!

(1) 被"请"出教室

认识小康,熟悉小康,几乎都与数学课有关。那一天,我正在办公室批改作业。

"报告!"门外传来声音。上课时间,经常会有孩子来办公室取作业本什么的,我没有在意,兀自低头批着作业,也没有意识到小家伙悄悄地站到了我的跟前。

批完一叠本子,我抬头一看,吓了一大跳,小康一动不动地站在我面前,仿佛在等着我训话呢。我一惊:"小康,现在不是数学课吗?你不去上课怎么跑到办公室来了?"小康支吾了半天,我才听明白了,原来他是被数学老师"请"出了课堂。我真是又好气又好笑。

我说:"哎,你这孩子,开学才一个星期啊,好歹也要控制一下自己,给新老师留一个好印象呀。"

小康低着头,嘴里含混不清地说:"我也想控制自己,可是脑袋瓜就是不听我的指挥啊……"听他的口气,还挺委屈呢。

我又笑了:"那你倒是说说看,为什么会被老师'请'出课堂呢?"

"老师讲的课,我听了一会儿就听懂了,于是我就东张西望,和周围的同学闲聊,还插嘴,老师就生气了,叫我到办公室来向你报到。"听着他一本正经的口吻,我忍不住笑出声来。这个孩子,倒也真实得可爱!

"你已经向我报到过了,现在,就让我把你送回课堂去吧。但要记住,下次再来我办公室报到,我可不认领你喽!"

"知道了，谢谢老师！"他的脸马上"阴转晴"了。

（2）当上课代表

我接这个班没多久，因此对每个孩子的情况还不是非常熟悉。但小康的大名如雷贯耳。他求知欲强，思维敏捷；学数学游刃有余。别看他学习不怎么勤奋踏实，每次数学考试总是名列前茅，这也在某种程度上助长了他的自满情绪。再加上他平时自由散漫惯了，数学课上，他随便插嘴，随意讲话，违反课堂纪律，让老师"又爱又恨"。课后，他精力旺盛，每天有使不完的劲儿，打打闹闹，闯祸惹事总少不了他的份儿。可以说，他是班级里的"大人物"，而且是"领军人物"。

"唉，这家伙，真拿他没办法。课堂上他心不在焉，还违纪捣乱，可每次考试吧，他总是得第一名。瞧，这次的思维竞赛题，又只有他一个人得满分。聪明孩子啊，可惜了！"数学老师又向我"诉苦"了。这样的"叹苦经"已经不是第一回了。

对于这样特殊的孩子，我该怎么引导呢？记得有人说过，孩子的心灵就像一把多弦琴，其中有一根是和弦，只要找到它弹一下，就会使其他的弦一起振动，发生共鸣，协奏出美妙的音乐。如何拨动这根琴弦？我想，关爱、欣赏、对话、沟通，实现心灵相通，是必不可少的途径。小康不缺才能，不缺潜力，不缺进取心，缺的是欣赏，是鼓励，是引导，是发挥潜力的平台。

斟酌之后，我决定让小康做数学课代表。此话一出，数学老师立即反对，他列举了小康不适合担任课代表的很多条理由。这些，我又何尝没有考虑到呢？但我态度坚决："小康是一棵好苗子，要让他成材，就必须给他一块适合他成长的土壤。"数学老师拗不过我，只好答应让小康试试。

我找来小康，说出我的想法。他双眼圆睁，用手指着自己的鼻子，充满诧异地就说了一个字："我？！"

"对，数学课代表就是你，而且我认定你了！"我重重地拍着他的肩膀。

"真的？"他的眼睛瞪得更大了，似乎不相信自己的耳朵。

"真的！从现在起你要接受挑战了。不管如何，只要你愿意挑战自己，老师始终支持你，做你的坚强后盾！"

"谢谢老师，我一定不辜负您的期望！"

"我做课代表喽！"小康兴奋不已，几乎跳着出了办公室。

当上了数学课代表，我心里的激动和兴奋是无法用语言来形容的。但同学们都说："新官上任，三天下岗。"我给了他们一个白眼，心想：你们等着瞧吧，我一定会好好表现的。

这几天的数学课上，我表现很好，专心听讲，积极发言，还被老师表扬了呢。每当我想做小动作或回头讲话的时候，我就会拍一下自己的手，并提醒自己说："注意！现在你是数学课代表了！"

是的，我已经不是以前的那个"我"了，现在是我真正的起点。希望老师和同学都能看到我的转变。

老师，我一定会好好珍惜你给予我的机会……

读着小康写的《当上了数学课代表》，我由衷地感到高兴。虽然才短短的几天时间，但我已经感受到了小康的变化。嫩芽一般的美好情怀已经透过字里行间生长出来，我期待着草色青青的春天。

（3）老毛病复发

谁知事情远没有我想象的那样顺利。担任课代表还不到半个月，小康就被数学老师撤职了。原因是：老毛病复发。

我没有惊讶，这一切其实在我意料之中。故态复萌，对于小康这样自控能力差、管不住自己的孩子来说很正常。从小到大累积起来的坏习惯哪能一朝一夕改正呢？我理解他。

小康来找我了，看得出来他有些难过，低着头一声不吭。

我问："你还想不想当数学课代表？""想，当然想！""那好，你用行动证明你是班级里最有能力当数学课代表的孩子！"

小康多聪明啊，马上心领神会。接下来的一段时间，他的表现又让数学老师赞不绝口了。于是，我和数学老师商议，再给小康一个锻炼的机会。数学老师呢，表面严厉，其实内心非常喜欢小康。虽然小康只担任了半个月的课代表，但他认为小康很有责任心，工作很主动，能力也很强，所以一口答应了。

其实我的心里还是直打鼓，不知道小家伙这一回能坚持多久。一个月平平静静地过去了。这天刚下课，数学老师便来找我，头一句话就说："小康又被我撤职了！"原来，小康考了100分便得意忘形，数学课上，不但自己不专心听讲，还打探周围同学的成绩，不时嘲笑挖苦几声，于是被同桌"检举揭发"了。

我没有去找小康。他是个有想法的孩子，从这两次的教训中他应该能明白些什么。果然，他用写日记的方式与我进行了交流——《二次下岗》：

这次当数学课代表已经一个月了，总算把这个"位子"坐稳了，我暗暗地想。

然而天有不测风云，今天的数学课上我又犯浑了，我又管不住自己那张"好管闲事"的嘴巴了，一会儿指指这个，一会儿又说说那个，终于惹恼了同学，也惹恼了老师。数学课代表被数学老师批评，我真丢自己的脸啊！全班同学的目光都投向了我，我感到"下岗"两个字在向我招手。

下课铃声响了，同学们冲出教室，我一个人默默地趴在课桌上，脑子里一片空白，很不想再次看见老师失望的目光……

（4）依然相信你

孩子改正错误的过程本身就是一个漫长的、反复的过程，需要他用自身的意志力，与错误的做法、不良的习惯对抗。当孩子的意志力不够坚定的时候，错误就会反复。我想，这些话用在小康身上一点都不为过。

当然，这样的意志力在挑战小康的同时，也考验着我。我想，我的耐心和坚持是我对小康最好的帮助和鼓励。

我找来小康："虽然你已经两次'下岗'，但老师依然相信你，依然对你有信心。只不过，属于你的机会只有这一次了，希望你不要再错过。"小康默默地点头，可以看得出，他的心里酸酸的。

我递给他一本数学的拓展教材。我说："数学课上，如果你觉得老师讲的内容你都听明白了，那么剩下来的时间，你可以打开这本书自学，做做相关的题目。若遇到困难，课后再去请教老师。"

这一招果然灵。前半节课小康安静地听课，后半节课他就自学课外内容。这样一来，小康再也没有违反课堂纪律，对学习数学的兴趣也越来越浓了。我再次找到数学老师，还未说明来意，他就笑了："我没意见，这个孩子的确是块好料，一切听你的安排吧。"

于是，小康第三次担任了数学课代表。

有了前两次的磨炼，小康学会了珍惜，他的才能在课代表的岗位上得到充分的展现。他热心负责、做事勤快，不仅如此，他还充当了数学小老师，主动为同学们讲解难题呢。

看到这一切，我欣慰地笑了。一个孩子的成长是多么不容易！小康的妈妈听到我对小康的评价时，惊讶地站起身，睁大了眼睛："钱老师，你说的是我儿子吗？他怎么可能有这么好？"

我微笑着答："我说的的的确确是你的儿子小康，一点都没错！"

她激动地抓住了我的手："钱老师，谢谢你，真的谢谢你！你知道吗？我以前从不敢约见老师，从不敢与老师交流，因为我儿子表现实在太差劲了。每次与老师交流，老师都是告状，说他这不好那不好，浑身上下都是缺点。见了老师，我唯恐避之不及啊！"小康妈妈说着，竟然像个孩子一般欢喜得落了泪，"没想到换了一个老师，我儿子也像换了一个人！"

"不是锤的敲打，而是水的载歌载舞，使鹅卵石臻于完美。"我的良苦用心换来的是孩子的一片情深意重。

记得我有一回外出听课，接到小康妈妈打来的电话。电话中，她焦急地问我什么时候回来，说小康这几天心神不定、焦虑不安。我以为小康又"惹事"了，小康妈妈说，钱老师，小康表现好得很，就是想念你，一回家就在念叨我们钱老师怎么还不回来啊，非要催着我打电话问你什么时候才能回来。那一刻，我异常感动。

回来后，我读到了小康的日记——

……下课后，我一言不发，凝视着窗外那棵树，那棵掉光了叶子的光秃秃的树。一个念头从脑海中闪过：是不是钱老师不在，我的表现就像这棵光秃秃的树一样不引人注目了呢？

读到这一句话，我的目光停住了。为着这句话，我沉默了许久，沉思了半晌。

（5）果子红透枝头

教师节的早上，我刚走进办公室，就看到了办公桌上一束娇艳欲滴的红玫瑰。数一数，刚好九朵。一张卡片斜插在花叶间。

拿起来一看，上面写着："钱老师，在我心中，您是大树，您是海洋，您是天使！我对您的爱，天长地久！"没有署名，但看那刚劲有力的笔迹，我一下认出来了，是小康！我去向小康致谢。这个平时一贯以"硬汉"形象示人的小家伙竟然说："钱老师，您为我付出了那么多，我永远不会忘记，这九朵红玫瑰代表了我对您永远的爱。"第一次听着孩子发自肺腑的真诚表白，我不由得眼眶湿湿的。

一位哲人说过：时间和耐心能把桑叶变成美丽的彩锦。毕业考试，小康的成绩总分排名竟然是全年级组第一名！我决定让他来担任毕业典礼的主持人，让他感受成功的荣耀。看着挺拔得像一棵小树的小康站在主席台前，熟练地主持着毕业典礼，我心潮起伏：果子红透枝头，没有比一路辛勤栽培果子的果农更欣喜、更陶醉的了。

小康的妈妈拉着我的手,久久不放。她说:"钱老师,小康遇到您是他的幸运,您是小康生命中的贵人,更是我们全家的恩人,我们永远感谢您!"

听到这样发自内心的真实感言,我的心被深深触动。如果作为班主任的我能够用爱心、用慧心,呵护生命,点化生命,成就生命时;如果我个人的教育行为能够在孩子最初的生命历程中,拨开一丝光亮,指点迷津,能够成为孩子们生命中的贵人,那真是我的荣幸啊!

2. 锤炼一棵小白杨

每次他发脾气耍性子,我总是耐心地循循善诱,之后还是一如既往地赏识他、亲近他、喜欢他,是否这样的宽容在一定程度上也纵容了他的坏脾气呢?

(1)如此"演戏"

我一直觉得他是一棵小白杨,挺立着,便是一道风景。

军训期间,我认识的第一个孩子便是他。

对于这些四年级的小娃娃来说,第一次远离爸爸妈妈,独自住在学校,进行为期一个星期的军训,无论从身体的承受能力还是心理的适应能力来说,都是一次人生的考验。

孩子们想家、恋父母的情绪暴露无余。很多孩子默默流泪,闹得凶一点的甚至要大声哭泣,乱发脾气。而他的表现很不一样。

晚饭过后,就有孩子来向我反映,说他生病了,肚子痛得很厉害,连饭都吃不下。我听了,连忙赶到宿舍。只见他捂着肚子,一脸痛苦的样子,躺在床上直叫唤。我问他什么地方不舒服,从什么时候开始不舒服的。他告诉我说肚子很痛,一吃东西就有想呕吐的感觉。

根据以往带班的经验，我的第一反应就是这个孩子在装病，想趁机回家。他似乎真的很难受，捂着肚子蜷缩成一团，一副可怜巴巴的模样。才上四年级的孩子啊，怎么会如此"演戏"呢？我暗暗责怪自己竟然会有那样的想法。

于是，我说："我打电话叫你爸爸来接你，去医院检查一下，你看可好？"他反应很快，几乎是不假思索地点头。

半小时之后，他爸爸来了。他爸爸二话不说，径直走到床边，掀开他身上盖着的小毯子看了看，转身对我说："钱老师，你别相信他这一套。他的身体好着呢，一点问题都没有。钱老师，别理他！"又伸手指着他："你想用这样的方式让我来接你回家，门儿都没有！你听清楚了，无论如何，我是不可能来接你回家的，你必须好好参加军训，一直到军训结束！"说罢，他爸爸跟我打了声招呼，没再看他一眼，便头也不回地离开了。

头一回见到处事这样干脆利落的家长，他爸爸的教育方式让我震住了，也让他震住了。他躺在床上，一言不发，眼泪从他的眼眶里缓缓地流了出来。但他没有哭出声来。

很奇怪，这件事情过后，他像变了一个人似的，再也不是军训头两天那个萎靡不振、神思恍惚的他了。他的表现非常好，不管是站军姿，还是练步伐，他标准的动作、昂扬的斗志屡次受到教官的表扬。在宿舍，他手脚麻利，做事勤快，完成内务又快又好。不仅如此，他还能以自身的热情带动宿舍里其他同学的情绪。有一次，我开玩笑似的问他："你的肚子还痛吗？"他不好意思地笑了。

军训结束，他被评为"军训标兵"，他所在的宿舍也被评为"优秀宿舍"。那一刻，他兴奋不已。而他身上显现出来的极强的管理能力和组织能力令我欣喜，我相信，这是一棵好苗子！

（2）一举成名

在学校的秋季运动会上，他作为体育委员报名参加了两个项目的比赛。在男子50米的决赛中，他一马当先，毫无悬念地夺得了冠军。这是我们班取得的第一个冠军,孩子们沸腾了!我激动不已,催促小记者们写广播稿表扬他,他的大名一次又一次地被播送出来。

"4×100米接力比赛"的决赛开始了!比赛相当激烈,运动员们你追我赶,争先恐后。前面三棒,由于我班三名运动员跑得不快,导致与领先的班级相差了整整50米的距离,要想取得胜利谈何容易!他是最后一棒,希望寄托在他身上了!我和孩子们扯着嗓子大声呐喊。接过接力棒的他像一匹奔腾的烈马,甩开大步,一鼓作气,直冲终点。第一!我们班反败为胜,夺得了接力比赛第一名!全场欢腾!我站在终点迎接他,激动得一把将他搂在怀里。

凯旋归来的他像英雄一样受到了大家的追捧。我兴奋地拉着他,和他一起照相留念。他喜不自禁,神气极了。"飞毛腿"的外号由此在班级里传开了。

记得那一回,我与学生一起玩丢手绢的游戏。我拿着手帕,笑眯眯地绕着圆圈跑动,自以为神不知鬼不觉地将手绢丢在了他的身后,岂料这孩子反应太快了,敏捷地抓起手帕,一跃而起。"加油!加油!""钱老师加油!加油!"穿着高跟鞋的我怎能敌得过号称"飞毛腿"的他呢!眼看我就要被他抓到了,"呼啦"一下子,许多孩子一拥而上,拦住了他的去路,有的紧拽他的胳膊,有的抓住他的大腿,还有的抱住他的身子。他被团团围住,动弹不得,只好笑着举双手投降:"钱老师,我敌不过你,你的粉丝实在太多了!"孩子们笑了,我也笑了。

(3) 喜欢

熟悉他之后,我越来越喜欢他。课堂上,他总是主角。他喜欢发表自己的见解,甚至,还能与我的观点发生碰撞。很多时候,我情不自禁地为他鼓掌喝彩。他也喜欢朗诵,喜欢用浑厚的嗓音去诠释文字中的激情。更绝的是,他仿佛天生就是个演员,每回表演课本剧,他惟妙惟肖的表演总能赢得满堂彩。我喜欢这样的孩子,在自己的课堂上,能够看到一个孩子生命的拔节,是何等欣喜的事情!

记得有一次,我采取辩论的方式上课。他的伶牙俐齿和敏捷的思维得到了充分展现。在针锋相对和唇枪舌剑之中，他一次次独占鳌头，我由衷地说："如果我是教授，那你就是我的得意门生；如果我是一名元帅，那你就是我手下的一员猛将！"后来，他将这一节课写入日记："听到钱老师说出这段令我、令全班同学都瞠目结舌的话，我觉得时间凝固了，所有的画面都是静止的，只有钱老师的笑容和钱老师的话在我脑海里翻腾……我喜欢发言，我喜欢语文课，我喜欢钱老师！"

他对我的喜欢发自肺腑。他说，老师，你的体质太弱，需要锻炼。体育活动课上，他总是极有耐心地陪我打羽毛球，我和他的师生对打成为课上的一道风景。若论打羽毛球的水平，我远远不是他的对手。但是，他从不炫耀自己的球技，一味求胜，他将"陪练"的角色诠释得恰到好处。在他的指导下，我打羽毛球的水平提高得很快，对打球也越来越有信心了，我称他是我的"师傅"。

（4）恃宠成骄

他知道我很喜欢他，虽然表面上不喜形于色，但他的内心还是异常得意。有一次，宿舍熄灯之后，作为舍长的他带头讲话，导致整个宿舍的同学在将近10点还未入眠。我狠狠批评了他，责令他在全班同学面前反省。结果，他给我来了个"下马威"。上语文课的时候，他趴在课桌上既不听讲，也不发言，摆明了与我对着干。指名他起来回答问题，他直愣愣地站着，虎着脸一言不发。一连几节课都是如此。呵呵，这小家伙，脾气上来了！

这样的情形发生过好几回。后来在与他妈妈的交流中我得知，他在家里也经常发脾气，批评不得，一批评就要甩脸色。好多次，他和妈妈的关系闹得很僵。

我想，每次他发脾气耍性子，我总是耐心地循循善诱，之后还是一如既往地赏识他、亲近他、喜欢他，是否这样的宽容在一定程度上也纵容了他的坏脾气呢？这样下去可不行啊，看来我得找个机会，好好地锤炼锤炼他。

机会来了。那次，他与我僵持了整整一个星期。他公然摆出抗拒的姿态：

侧着身子，手托下巴，歪着脑袋，眼睛始终一眨不眨地望着窗外。我的心里真是五味杂陈：孩子，你这是怎么了？难道你只能接受表扬吗？难道对你身上存在的缺点，老师就不能批评指出吗？就因为批评了你，你就要一次次这样抵触吗？难道你非要用这样的方式来解决问题吗？我也该让你尝尝任性的后果了。

于是，我狠下心来，对他视而不见。课上，他不专心，我也不再去提醒他；他做小动作，我也不再理会他。虽然我知道，他是故意做给我看的，但我得沉住气。我依然心平气和地上课，满怀激情地表扬发言踊跃的孩子，真诚地鼓励热情参与的孩子，课堂的气氛融洽和谐极了。他落寞孤单地坐着，神情极为不自然。我知道，此情此景让他感到难堪。要知道以往的课堂上，他可一直是"一枝独秀"啊！

体育活动课上，我也不再找他一起打羽毛球了。一群孩子簇拥着我，轮流和我打球。他默默地站在一旁看着，若有所思。

整整一个星期，我没有主动找他交流。我想，就让他用自己的方式慢慢调整心态，将他的坏脾气改过来吧。相信一个星期的时间，足够让他思考清楚了。

果然，一个星期后，他似乎想通了。课堂上，他又举手发言了，但神情还是颇为尴尬。既然他已经用行动表明了他的心意，那我就顺水推舟，给他一个台阶下吧。于是，我若无其事地喊了他起来回答问题。答对了！我表扬了他。在同学们热烈的掌声中，他如释重负，长长地舒了一口气。沉默了一星期的他重新回到了大家的视线中。他的坏脾气再也没有复发过。

（5）蓬勃

元旦文艺汇演，他和一名同学合作表演说相声。站在舞台上的他老练极了，字字句句拿腔拿调，一招一式逗人发笑。那模样，那神情，俨然是经过专业培训的优秀相声演员。台下笑声阵阵，台上的他气度不凡。他又一跃成为受大家欢迎的"笑星"。

有一天，我的办公桌上出现了两盒牛奶，是他送的。还附了一张字条：钱老师，多喝牛奶，增加营养，多长力气，好与我切磋球技哦！

呵呵，这小子！我不禁笑出声来。

难忘那天早晨，我在教室门口遇见他。他见了我，一反常态低着头急匆匆地走进了教室。虽只打了一个照面，但我看清楚了，他的双眼肿得像两只桃子，显然哭过。怎么回事呢？询问之下，我不禁哑然失笑。原来，他不知从哪儿听到了一个消息，说升到六年级，我就不做他们的班主任，不教他们了。结果，他和他所在宿舍的六个孩子号啕大哭，几乎一夜未眠。我听了，又感动又心疼。

下课后，他沙哑着嗓子，再次找我求证："钱老师，下学期你还继续教我们的，对不对？"

看着他哭得红肿的眼，我的喉咙像被什么堵塞了一样。

3. 打开一盏灯，点亮一颗心

固然，那些优秀学生让我喜欢，但能够把那些落后学生教好，看着他们蹒跚学步，最终扑腾着翅膀跃跃欲飞，仍旧是我最感自豪的事。

"这样的孩子，目中无人，蛮横无礼，哪像个学生呀？别去理他，放弃他算了！"看着直挺挺地站在我面前的小强俨然一副凛然不可侵犯的样子，同事们愤愤不平。

放弃？我能放弃他吗？看他对我横眉冷眼的样子，真让我心寒，但我能那么做吗？他自小就没有了父亲，母亲含辛茹苦把他拉扯大。因为孩子没有父亲，妈妈总感觉亏欠了他，对他百依百顺，滋长了他的自私任性。在家里，妈妈管不住他；在学校，他也不把老师放在眼里，恣意妄为。在很多人看来，他简直无可救药。他妈妈也几乎不对他抱什么希望，只巴望他不出乱子，熬到小学毕业。可是，我能放弃他吗？他并不是无可救药的呀！他有自尊，有一颗向上的心，内心里有成为好学生的美好愿望，我怎能将已萌发的幼芽给掐断呢！

记得开学后的第一天，我看到他在拖地，没想到他是个拖地的好手，一会儿工夫，整条走廊被拖得干干净净。见此情景，我对他大加称赞："嘿，小强，看不出来，你是个劳动的好手哇，我还是第一次看见这么高超的拖地'功夫'呢！"听到我真心诚意的表扬，他不好意思地笑了。此后，我总能看见他低头弯腰卖力拖地的身影。他有一颗向善的心啊，我怎么能够放弃呢？

我决定继续"破解"他心灵的密码。我相信，只要开启他的心灯，总会点亮他的心灵。周末，我负责送学生回家。车到站时，他面无表情地站起来，径直走到车门口。见他丝毫没有与老师说再见的意思，我站起身，主动大声地说了声："小强，再见！"他回过头来，看到我正微笑着望着他，愣了一下，说："钱老师再见！"我目送着他的背影渐渐远去，他若有所思地边走边回头张望。

第二次离校返家时，我留意观察他。下车时，他居然主动跟我打招呼："钱老师再见！""小强，再见！"我微笑着回应他，轻轻地舒出一口气，由衷地笑了。

课上，我特意将这一幕讲给孩子们听，夸奖他懂礼貌、爱老师。在同学们的掌声中，小强挺直了脊背。此后，小强的面貌焕然一新。班级里要换净水了，他自告奋勇抢着去；同学生病了，他主动倒上一杯水；在宿舍区，他帮生活老师一起料理舍务。同学们说他像变了个人似的，老师们则称赞他懂事明理，小强一次又一次地在老师和同学的赞许声中感受到自身的价值。

就在我暗自高兴，以为改变了小强时，我担心的事情发生了。英语课上，老师点名小强回答问题，小强支支吾吾答非所问，同学小隆不由轻声笑了一下。小强竟冲着小隆破口大骂。英语老师看不下去了，上前劝阻他，他竟然和老师顶撞起来。等我赶到教室的时候，小强还在那里骂骂咧咧，我想，这才是最真实的小强啊。

被我带到办公室的小强直直地站着,倔强的脸上写着与年龄极不相称的漠然,我感到心疼。看着面前的小强,我想起了小强母亲悲苦的脸,想起她紧紧握着我的手,哽咽着说:"钱老师,这孩子我就拜托您了。从小到大,我没少为他操心,可是您瞧他这个样子,不争气啊!"小强母亲抹泪的样子不断在我的眼前闪现。我在心里叹息:孩子,你的心里有着怎样的委屈与苦楚,才使你小小年纪就如此冷漠,不求上进?你真的像别人说的改不了了?我不信!

我拿了块毛巾,顺手递给他:"去吧,去水池边洗把脸。"他僵持着不肯挪步。我拉着他来到办公室门前的洗手池边,把拧干的毛巾递到他手里。等他洗完脸再回到办公室时,我发现他的情绪稳定了下来,便拉了把椅子给他:"坐着吧,静静地把刚才的事情想一想,理出个头绪来再说给老师听,好吗?"他坐着不语,我也不再说什么,兀自批改作业。待到一叠本子都批完,再抬头看他,他仍是一言不发。

于是,我从"家校联系本"中抽出他的那本,递到他面前:"小强,这是老师写给你的话,你读一读吧。"他有些不情愿地接过本子,没等看完,就失声痛哭了起来。在他的家校联系本上,我这样写着:"新学期开学,你正用行动书写着崭新的一页。瞧,每天清晨,负责班级清扫工作的总是你;每次晚自习结束,留下整理课桌打扫卫生的也是你。你忙碌的身影成为教室里一道亮丽的风景。最让老师欣喜的是你长大了,也懂事了,懂得了与同学友好相处,懂得了对老师彬彬有礼。你的努力,老师看在眼里;你的进步,大家有目共睹。小强,再接再厉,好吗?"听着我一字一句地读着写给他的评语,他哭得更厉害了。"老师,我辜负了你对我的期望。"他哽咽着说道。"你能把刚才发生的事情分析给老师听吗?""老师,我错了,我不应该骂同学,不应该顶撞老师,更不应该发那么大的脾气,影响同学们上课,我这就去跟老师和同学们道歉。"

当着全班同学的面,小强流着泪,真诚地向小隆同学和英语老师道歉,并深深地鞠了一躬。小隆也诚恳地向小强表达了歉意。教室里响起了热烈的掌声。我抚着小强的肩膀，激动地说："今天，我们从小强同学身上看到了一种可贵的品质，那就是勇于认错，敢于承担责任。我赞赏这种品质，相信小强一定能知错就改，成为大家心目中的好学生！"我的话使小强再次流下了眼泪。

母亲节来临，我特意布置了一项作业"跟妈妈去上班"，意在让孩子们亲自体验妈妈工作的辛苦，借此唤起他们的感恩之情。小强深有感触：

今天一大早，我就跟着妈妈去上班。这还是我第一次去妈妈的理发店。客人来了，妈妈忙着招呼客人，帮客人理发。以前，我总以为理发很简单，咔嚓咔嚓几下就解决问题了。可今天一看，原来理发也有许多讲究啊。妈妈一会儿剪，一会儿修，一会儿吹，忙活了好一阵子，结果，理一次发，客人才给5元钱。我顿时呆住了，心想："妈妈理一次发只赚5元钱，而我一年的学费就要交1万多元。这1万多元钱，妈妈要为别人理多少次发呀？"看到妈妈忙得连休息一会儿的工夫也没有，我的眼睛不由得湿润了。妈妈辛辛苦苦赚钱供我在这么好的学校里上学，而我却不好好读书，怎么对得起妈妈呢？

钱老师，谢谢您布置了这项作业，我懂得了妈妈把我养大是多么不容易。妈妈，请您放心，我一定好好学习，长大了报答您，让您不再那么辛苦。

这样的心声来自小强，可是有史以来第一次啊！我快乐的心几乎想歌唱。我激动地找到小强，表扬他认真完成作业，用心去体会妈妈的辛苦，肯定了他作文的进步，并且帮他订正好文章中的错别字，修改了语病。当我把这篇经过修改的充满真情实感的文章读给全班同学听时，教室里爆发出热烈的掌声。

后来，小强妈妈告诉我，打那以后，小强就跟以前完全不同了。在家里，他学着买菜、煮饭，帮妈妈拖地板、洗衣服，可能干了。

感恩节那天，我刚走进教室，小强就手捧一盒保健品，恭恭敬敬地递给我说："钱老师，您太瘦了，送给您补补身子吧！"望着小强认真的模样，我的心忽然颤抖了起来……

最终我没有收下礼品。后来在与小强妈妈的交流中，她的一番话深深触动了我，她说："钱老师，虽然你是老师，但这一次我觉得你做错了，你应该收下这份礼物，这是小强亲自去商店挑选的，是孩子的一片心意啊。看得出来，他是真心喜欢你。每次回家，他总在我面前提起你，一提到你，他就神采飞扬。你是他遇到过的最好的老师。"

我真诚地回答："谢谢您！我已经收到了最珍贵的礼物，您的这番话就是小强送给我的最好的礼物。"

小强的改变更坚定了我的信念："差生"不"差"！孩子哪有不学好的？绝大多数的所谓"差生"其实并不差，他们需要的只是老师的鼓励、引导、关爱和呵护。

我教过很多学生。固然，那些优秀学生让我喜欢，但能够把那些落后学生教好，看着他们蹒跚学步，最终扑腾着翅膀跃跃欲飞，仍旧是我最感自豪的事。我想，作为教师，没有什么比这更值得欣慰的了。

4. 每一棵草都会开花

教了小叶两年，看着他从最初的抗拒变成对我的依恋，我内心深处无限感慨。

（1）掏鸟窝的孩子

说起小叶，学校里没有一个老师不认识他。消瘦的身材，留着西瓜太郎的发型，一双细小的眼睛骨碌碌地转，特别机灵。他爱笑，一笑起来，眼睛就变成了细长的一条线，同学们都亲昵地称他为"眯眯眼"。

"眯眯眼"聪明好学，学习成绩非常棒，但他活泼好动，管不住自己，隔三差五就要出些乱子。他的爸爸妈妈在他很小的时候就离婚了，他跟着妈妈生活。后来妈妈再婚，嫁给了一个德国工程师，于是他便跟着妈妈去德国生活。但很快妈妈就发现德国的环境并不适合孩子成长，便将小叶送回了国内，寄养在亲戚家里。妈妈不在身边，老师也不能经常联系到他妈妈，如此一来，小叶便更加有恃无恐。他整天带着一帮男孩子调皮捣蛋，闯祸惹事，扰乱课堂，以至后来上每一节课，班主任都要亲自出马，坐在教室后面听课压阵。他让教室不得安宁，也让老师头疼不已。

升入五年级以后，没有哪个老师愿意接这个班，学校领导便指名让我去接班。接班以后，小叶依然我行我素，丝毫没给我这个新班主任一点面子。开学没多久，我还困在一大堆的烦琐事务里，就有同学来报告，说小叶带着一帮同学爬上树掏鸟窝去了。等我赶到时，只见树下围了一大群人，闹嚷嚷的。小叶已经爬到了树的最高处。他双手紧抱着树，双腿夹住树干，仰着脑袋看着头顶上的一个鸟窝。小鸟叽叽喳喳，似乎被眼前的这个陌生人惊到了，而小叶看得入了迷。同学们叫嚷着，让他赶快下来，小叶充耳不闻。

一个孩子的童趣和好奇心是不能去阻止的，我没有命令小叶马上下树，只是站在树下静静地看着他，等候着他。一个孩子，爬上树去探望小鸟，只为近距离地看看小鸟的样子，听听小鸟的歌声，这是怎样的一个孩子呢？我同样充满了好奇。

我想，教育小叶，凡事必究，绝对不是最好的办法。"既来之，则安之"，就让我以宽容之胸襟、包容之情怀去理解他、引导他吧。

（2）好事办砸了

事情过去没几天，麻烦又来了。这天，生活老师怒气冲冲地向我告状，说小叶将食堂工作人员分发好的每个班级的水果篮打翻在地，苹果滚落了一地，他却逃之夭夭。

我很奇怪地问："怎么知道是小叶干的坏事呢？是有人亲眼目睹了吗？"

生活老师嘴巴一撇："食堂工人虽然叫不出他的名字，但他那双眯眯眼，谁会记不住啊？"

"这家伙，真是恶习不改啊！"生活老师教了小叶两年，对他很了解。

我找来小叶。小叶一见到我，毕恭毕敬，两只手交叉着放在胸前，垂着头不说话，一副乖小孩的模样。他的脚不自觉地在地上移来划去，划来移去。这小家伙在我面前总是规矩得很，但只要一走出办公室，他立马脸上带笑，走路蹦跳。

见他这样，我不由好笑，摸着他的小脑袋开起了玩笑："小叶啊小叶，你怎么每次闯祸做坏事就会被人发现，被逮个正着呢？"

他抬起头，见我笑嘻嘻的，不好意思起来。

我又笑了，说："你的形象太引人注目了哇，以后可要记着了，一定不能闯祸做坏事了。要不然，别人一张口就会说，又是那个'眯眯眼'干的，你逃都逃不掉。"

听我调侃，他竟然有些局促不安了。

"小叶，跟老师说说是怎么回事，你怎么跑到食堂去，将苹果篮打翻了呢？"我拉着小叶的手坐下来。

原来，小叶看到生活老师每天都要拎着一大篮的水果，从食堂走到教学楼的三楼，累得气喘吁吁，便想帮生活老师拎水果。他就这么一说，结果，一大帮调皮鬼一窝蜂拥着去了，你抢我争的，结果将水果篮打翻了。一看闯了祸，小家伙们傻眼了，站在那里你埋怨我，我责怪你。等食堂工作人员发现，追出来问怎么回事，小家伙们害怕了，慌忙溜之大吉。没追到几个孩子，食堂工作人员却记住了其中长得最有特点的小叶。

"小叶，好样的！原来是做好事去了啊。助人为乐，这样的品质值得全班同学学习。"我拍着他的肩膀说。

"可是，我……我把好事变成坏事了啊。"小叶低声嘟囔着。

"那你想不想再将坏事变成好事呢？想想该怎么做？"我问他。

他真是个聪明的孩子，一听就明白了："水果篮上有标签，标签上写明了班级和班级人数，我只要按着班级人数把打翻的苹果重新放回篮里，不就行了嘛！"

"对啊,接下来就看你的行动喽!"

"Yes,Madam!"小叶"啪"的来了一个立正。

"小叶,从今天起,帮生活老师拎水果的任务就交给你啦,不知道你能不能坚持完成此项任务?"

"保证完成任务!"小叶又来了一个敬礼。

看他屁颠屁颠地跑出去了,我的心里异常欣慰。多可爱的小叶啊!这个孩子,我喜欢!

喜欢小叶的老师不止我一个。一向对小叶很挑剔的生活老师居然也夸奖了他。其实她不说我也知道。每天下午四点半的时候,站在教学楼三楼的过道里,我不止一次远远地看到小叶一路小跑,接过生活老师手中的水果篮,有说有笑地走向教学区。

这还不算,到了教室,小叶还有模有样地担任小老师的角色,为同学们分发起了水果。要知道,他以前可是哄抢水果的第一人啊!

(3) 贴近

有一天,我忽然接到了小叶妈妈从德国打来的电话。在电话中,她一个劲儿地向我表示感谢。她从亲戚口中了解到小叶最近的变化,又听小叶说起,老师对他非常好,他非常喜欢老师。小叶妈妈很诚恳地说:"钱老师,我知道一个好老师对于一个孩子的重要性。遇到你,是小叶的福分!"

圣诞节,我收到了小叶妈妈寄来的卡片,同时寄来的还有给小叶的一封信。征得小叶的同意,我在全班同学面前朗读了妈妈给小叶的信。信中,有小叶妈妈对小叶深切的想念、诚挚的祝愿和热切的期望,更有妈妈对小叶深情的叮嘱,叮嘱他珍惜老师、珍惜同学、珍惜班集体。孩子们被这封信深深地打动了,有的孩子甚至流下了感动的泪水,小叶更是泣不成声。

读着这封情真意切的信,我也异常激动,我说:"同学们,这封信虽然是小叶的妈妈写给小叶同学的,但我相信,这封信代表了所有妈妈的心声。小叶,你有这样的好妈妈,你应该感到自豪。老师相信,这样的好妈妈也一定会培养出一个好孩子。同学们，你们相信吗？"听到同学们响亮而肯定的回答，小叶趴在桌上，默默地流着泪。

缺少父母关爱的小叶，需要更多的师爱。他住在亲戚家，亲戚照顾他的饮食起居。我了解他的个性，也理解他的感受。每逢双休日，我总要给他打电话，聊聊天说说话，关心他在亲戚家的生活情况，叮嘱他除了要认真完成家庭作业之外，也要学会照顾体贴他人，帮亲戚做点力所能及的事情。经过一次次推心置腹的交流互动、一回回不厌其烦的引导感化，他的心慢慢地向我贴近。

一天晚上，我还在办公室批改作业，小叶连蹦带跳地闯了进来："钱老师，钱老师，我妈妈回国了，来看你了！"还没等我回话，小叶又将手中的一包东西塞到我手里："钱老师，给你，妈妈带回来的巧克力，给你尝尝！"我推辞，小叶的口吻却不容拒绝："不行的，钱老师，这是我留给你的，你一定要收下！"他一个劲儿地往我手里塞。

小叶的妈妈是位优雅从容的女士，看到儿子的举动，她欣慰地笑着说："钱老师，你就不要推辞了，这是孩子的一片心意。从他上学开始，我从来没有听到他对哪个老师赞不绝口，你是第一个啊！"

那天，我与小叶的妈妈交流了很多，我也提出了很多中肯的看法。最终，为了小叶的成长，他妈妈决定不去德国生活，留在国内，照顾小叶的生活起居。有妈妈在身边，小叶会更健康地成长，这也是我最希望看到的结果。

第二天，我拿着小叶给我的巧克力走进课堂。我说："这一包巧克力是小叶同学送给老师的一份甜蜜，现在，我希望全班同学一起来分享老师的这份甜蜜与快乐。"孩子们拿着巧克力，细细地品味着。我也拿了一颗放进嘴里，巧克力的味道香醇甜美，意蕴悠长。

（4）*藏在叶间的花开了*

周一的早上，学校领导找到我，递给我一张红通通的表扬信。表扬信是一个陌生人写来的，信上写明了事情的详细经过。原来，这位姓杨的老人周日在小区附近被一辆汽车撞倒，驾驶员驾车扬长而去。路过的小叶刚好看到这一幕，他骑着自行车一路追赶，记下了汽车的车牌号并扶起老人，还打电话找来了老人的家人。这封感谢信便是杨爷爷嘱咐家人写来的。

升旗仪式上，学校领导向全校同学讲起这件事，满脸害羞的小叶在雷鸣般的掌声中被请上台，全场沸腾。我的眼睛湿湿的，为这个孩子感到骄傲。

教了小叶两年，看着他从最初的抗拒变成对我的依恋，我内心深处无限感慨。毕业前夕，小叶去参加本市一所重点中学少年班的招生考试。在全省范围内报名参加考试的3000多个孩子中，他的成绩竟然排在了第三位！校长亲自把这个消息告诉了小叶的妈妈，祝贺她培养了一个好儿子。小叶的妈妈，第一个想到的就是给我打电话报喜。一个多小时以后，小叶的妈妈捧着一大束玫瑰花来到了我面前。我欣然收下了这束玫瑰花。我想，小叶，他何尝不是一朵鲜艳的花呀！只不过有的时候，他将细小的花藏在了叶间，不被我们察觉。

每一棵草都会开花，一旦开放，就是最美的。

5. 让生命化蛹为蝶

不管以后会面对什么样的风雨，只要孩子心底里还有温暖的感觉，精神上还有亮丽的底色，那么她就能坚强地一路走好。

"把悲伤留给自己，守候着流泪的时刻，体味心碎的感觉。在那一刻，拉上厚厚的窗帘，给自己泡一杯苦涩的卡布奇诺，静静地捧着它，任时光逃去如飞，一逝不回；让大脑空空的，只留有伤感的尖叫……"难以想象，这是一个12岁女孩的内心独白。应该笑靥如花的年龄啊，她却在书写着寂寞与孤独纠缠的文字。那样黯淡的文字，看得我湿润了双眼。

开学第一天，我就注意到了这个高高瘦瘦的女孩。一个鼓鼓囊囊的背包极不相称地背在她纤弱的肩上，孤单的身影，落寞的表情，映衬着周围同学被爸爸拥着、被妈妈搂着的幸福笑脸，是那样的不和谐。看到我跑过去帮忙，她微微抬起眼，羞怯地向我一笑。

之后，我知道了她的不幸。7岁时，她的父母离异，靠退休的外婆一手抚养长大。因着这样的原因，我与她的外婆有了更多、更深的交流与沟通。还记得第一次见到她外婆的情景。站在寒冷的风中，风吹着她花白的头发，看她佝偻着腰与我交谈，我的心里酸酸的。老人一再向我说抱歉，说她前一阵子因为腰伤复发，不好走动，因此开学没陪孩子来学校报到，也没及时和老师联系。最后，她恳请我能够为孩子的家庭情况保密，给孩子一个宽松愉悦的成长空间。握着老人瘦骨嶙峋的手，我含着泪点头。

这以后，我的目光常常不经意地停留在她的身上。随着与她交往的深入，我惊讶地发现，虽然她不善言辞，平时也难得见她展颜欢笑，但她好胜要强，学习勤奋，各科成绩都出类拔萃，她身上那种对学习的渴望和执着令我感动。她喜欢文学，作文写得尤其精彩，这使得我和她之间多了一个话题，也多了几分亲近。

"那天，爸爸和妈妈又吵架了。这一次，他们吵得特别凶。我蜷缩在墙角，看着爸爸和妈妈，忽然发现他们离我好远好远。我站起身，轻轻地走过去，拉拉妈妈的衣角说，妈妈，别吵了。妈妈没理我，抬手就打了我一巴掌。我的嘴里咸咸的，但我没用手去擦……"阳光下，她直直地看着远方，面无表情地讲述着自己对于爸爸妈妈的记忆。我很奇怪，她的脸上看不到一点悲伤、一丝难过，仿佛是在叙述一件与她毫不相干的事情。

忽然，她转头朝我启齿一笑，"老师，你知道吗？每次我想起妈妈梦见妈妈，不是微笑，不是亲吻，而是这一巴掌。妈妈留给我的所有记忆就只有这一巴掌……"我的心一哆嗦，泪水浸湿了眼眶："不，不对，妈妈从你出生那天，就把整个世界作为礼物送给了你。她给了你一双明亮的眼睛，让你去观察世界；给了你聪灵的耳朵，让你去倾听世界；给了你一双腿，让你去走遍世界；给了你一双手，让你去改造世界。这些，已经足够了！孩子，坚强些！失去了妈妈的爱，但你还有外婆，还有关心你的老师和同学。大家都在默默地关注着你，你知道吗？"我伸出双臂，轻轻地拥着她："外婆将你培养得这么优秀，老师相信所有的妈妈都希望有你这样的女儿。"……松开手时，我发现，她满脸的泪痕。

于是，我轻声说："老师给你讲个故事吧。有个小孩相貌丑陋，说话口吃，而且因为疾病导致左脸麻痹，嘴角畸形，讲话时嘴巴总是歪向一边，还有一只耳朵失聪。为了矫正自己的口吃，这孩子模仿古代一位演说家，嘴里含着小石子讲话，嘴巴和舌头都被石子磨烂了，他也没有放弃。他说，'每一只漂亮的蝴蝶，都是自己冲破束缚它的茧之后才变成蝴蝶的。我要做一只美丽的蝴蝶。'……"她默默地听着，久久不语。

在她的日记本上，我写下一段话："有些东西我们无法改变，比如丑陋的相貌、痛苦的遭遇，这些都是我们生命中的'茧'。但有些东西则人人可以选择，比如自信、毅力、勇气，它们是帮助我们穿破命运之茧，由蛹化蝶的生命之剑。破茧而出吧，你就是那只美丽的蝴蝶！"

我等到了她的回答："钱老师，你的故事和你的那番话，让我思考了很多。曾经，我伤心过，痛苦过，但是现在，我会尝试着用另一种方法去品味它——那就是坚强勇敢地面对。老师，和你在一起，我才明白，原来师生之间也可以有母女一样的情谊啊！"

稚嫩的生命一旦得到爱的暖流，迎来的便是阳光灿烂。以后的日子里，再也不见她眉头深锁心事重重。她变得活泼开朗了，一向苍白的脸也健康红润起来。

母亲节来临，孩子们聚在一起商量着要给自己的妈妈写封信，道一声节日快乐。我迟疑着，想有意无意地绕开她心中那道伤口。我把探询的目光投向她，她读懂了我的目光，大大方方地说："老师，从小我就没有得到妈妈的关爱，是外婆一手带大的，我想写信给外婆，您看行吗？"看到她的毫不避讳，我一下释怀了。她在作文中深情地写道：

外婆，您看着我长大，我的喜怒哀乐都已习惯与您分享。小时候，您为我的身体担心；现在，您又为我的成长操心。您为我所做的一切都饱含了深深的爱，我看在眼里，也都铭记在心里。此刻，我只想对您说一声藏在我心中已经很久很久的话：外婆，您就是我最爱的妈妈！

当我把信交到老人手中时，老人热泪纵横……

毕业离校那天，她很伤感。我抚着她的肩，一字一顿地说："记住，每一只漂亮的蝴蝶，都是自己冲破束缚它的茧之后才变成蝴蝶的……"她看着我，抹着泪，坚定地点点头。

教师节，收到的第一张贺卡便是她寄来的。打开后，熟悉的字迹映入眼帘："钱老师，节日快乐！向你问好！老外婆向你问好！还咳嗽吗？要多注意身体！要注意保养 FACE（脸）哟，希望下次相逢时会看见你'风韵犹存'！上了初中，作业增加了好多，所以没能给您打电话，贺卡上也只能寥寥数语。您教了我一年，咱们总是心有灵犀，知道您不会计较的啦！嘿嘿！一切尽在不言中。"

合上卡片，我笑了。我相信，不管以后会面对什么样的风雨，只要孩子心底里还有温暖的感觉，精神上还有亮丽的底色，那么她就能坚强地一路走好。

6. 为心灵铺设一条阳光通道

自始至终，我都不知道"他"是谁。这已无关紧要了。重要的是，我曾引领着孩子们用爱、用真情、用宽容在"他"的心间铺设了一条阳光通道……

星期一一大早，琳琳和婷婷两姐妹就急匆匆地赶到办公室，告诉我说新买的用来学习英语的"e百分"不见了。我不由地感到棘手：隔了一个周末，拿走"e百分"的孩子一定将东西转移了，怎么办？考虑再三，我决定不张扬此事，悄悄"侦察"。然而，几天过去了，我找不到一点蛛丝马迹。

这天，在批阅学生的作文时，我读到了琳琳就此事写的一篇文章《"e百分"，你在哪里？》。读着琳琳真情流露、有感而发的习作，我感到了心情的沉重和责任的重大。正如琳琳所说，"e百分"价值八百多元，可不是一个小数目呀！还有那个孩子，如果不及时悬崖勒马，任其继续发展的话，后果不堪设想！思索良久，我决定就从琳琳的这篇文章打开"缺口"。

课上，我没有按照既定的内容上课，而是朗读了琳琳的这篇习作。教室里沉默了，孩子们都在凝神思索……

看着那一张张稚气的脸，我语重心长地说："同学们，'e百分'少了，你们想一想，少了的仅仅只是'e百分'吗？"

沉默良久，一只只小手举了起来。孩子们纷纷道出了自己的心声：

"'e百分'少了，不仅仅是丢失了物品，更重要的是失去了精神上更可贵的东西，那就是做人的美德。"

"'e百分'少了，同学之间相互猜疑，缺少了一份真诚和信任，纯洁的友谊也由此蒙上了阴影。"

"'e百分'少了，也带走了琳琳、婷婷的欢声笑语，她们俩整天愁眉苦脸的，多伤心啊！"

"'e百分'少了，对我们班难道不是损失吗？我们还能自豪地说我们班是个快乐和谐的班集体吗？"

……

听了孩子们的肺腑之言，我感慨万千："是啊，伴随着'e百分'丢失的竟然有这么多美好的东西。'e百分'少了，还可以用钱买到，但诚实的品格、做人的尊严、美好的品质是千金难买的呀！孩子们，你们说，我们能把'e百分'找回来吗？能把丢失的这一切找回来吗？"

话音刚落，在班内极富号召力的小韬站了起来："琳琳、婷婷，你们别难过，我相信'e百分'一定会回到你们身边的。大家还记得我们的班歌《相亲相爱》吗？我们是相亲相爱的一家人，既然是一家人，又怎么会互相伤害呢？大家说对吗？"

"对！琳琳、婷婷，你们要有信心，相信我们班，相信同学们。"小韬的话得到了大家的赞同。

"琳琳、婷婷，我相信那位同学只是觉得'e百分'好玩，想看一看，玩一玩，忘了还给你们，请你们给他一点时间，他一定会还给你们的。"

"对，我也相信他是一个诚实善良的孩子，让我们给他一次机会吧。"

"是啊，琳琳、婷婷，你们千万不要灰心。我也曾经丢过东西，可是后来，不都是同学们帮我找回来了吗？"

"琳琳、婷婷，你们放心好了，如果找不回'e百分'，我们就凑钱帮你们重新买一个。"

"不用不用，如果'e百分'真的找不到了，那我就把我的'e百分'送给琳琳和婷婷。"

……

同学们诚恳的话语，让琳琳和婷婷热泪盈眶。

见此情景，我的心里也热乎乎的："生活中，有人视钱财为宝，也有人将美好的道德品质视若珍宝，取前者还是取后者？抉择需要足够的勇气。今天，我很高兴地看到，在这一道德难题面前，同学们都做出了问心无愧的回答。我知道，那是因为同学们的心里都有一杆道德的秤；我也相信，'e百分'一定会物归原主！"

一周过去了，又一个星期来临。周一的早晨，我不经意地拉开讲台的抽屉。呀，我看见了什么——"e百分"！"e百分"回来了！奇迹终于发生了！

当我满怀欣喜地把"e百分"完好无损地交还到琳琳和婷婷姐妹俩手中时，她俩乐得好半天回不过神来；当我在课堂上再次朗读姐妹俩写的文章《"e百分"，你回来了！》时，教室里沸腾了！

我说："孩子们，你们是真正的100分！"……

至于那个孩子，自始至终，我都不知道"他"是谁。这已无关紧要了。

重要的是，我曾引领着孩子们用爱、用真情、用宽容在"他"的心间铺设了一条阳光通道，我曾亲历了一朵云推动另一朵云、一棵树摇动另一棵树、一个灵魂唤醒另一个灵魂的美好过程。

7. 上帝喜欢咬甜苹果

世上每个人都是被上帝咬过一口的苹果，都是有缺陷的。有的人缺陷比较大，是因为上帝特别喜欢他的芬芳。

接这个班的时候，我吓了一跳。离异家庭的孩子竟达15人！幸福的家庭都是一样的，不幸的家庭各有各的不同。15个孩子，父母离异的原因五花八门，每一对离异父母的背后都是一个沉重辛酸的故事。这些孩子被送到寄宿制的学校里，父母离异导致无人照顾是一个主要的原因。

知道了孩子们的事，我异常谨慎。他们还那么幼小、那么单纯，就像晶莹剔透的露珠，美丽可爱，但稍不留神，就会破碎。我必须全力以赴、尽我所能，保护孩子们幼小脆弱的心灵。

我没有去找这些孩子了解情况、交流谈心和开导安慰，也没有在他们面前流露出任何异样，给予任何特殊照顾。看到这些孩子与其他孩子一样，每天很自然很快乐很阳光地学习生活，我的心里感到很踏实。我觉得，这样一个敏感沉重的话题，如果不是孩子主动向我提及，单方面的任何形式上的交流以及宽慰关爱，对孩子来讲，都是一种伤害。因为，这是孩子的隐私，关爱的前提必须是保护和尊重隐私！

但是我也知道，我看到的表象远不是孩子内心的真实表达。因为，我也或多或少地听到了孩子们之间的谈论，看到了一些孩子的孤独、冷漠与怪异。她，是这15个孩子中的一个，长得白白净净、娇娇弱弱，一看就让人升起怜爱之心。平时她沉默内向，从不愿多言语，一副拒人于千里之外的冷漠神情。

在校园里遇见她，她也从不主动打招呼。喊她，她只是轻轻地"嗯"一声，随即白净的脸上飞起两朵红云。我常想，这样的一个女孩子，心里该背负着多么沉重的包袱呀。但我只是远远地观望她、关心她，赞赏她学习上的努力和进步，我毫不掩饰对她的喜欢。

怎样以最好的方式触及，似春雨润物般不露痕迹？我想到了讲故事。讲故事，含而不露，能够打开那些直接教育无法触及的区域，从故事中找到解决问题的稳妥办法，既能传递人性，又能照亮童心。

每逢我上晚自习的时候，孩子们必会早早地坐在教室里，等候我的到来。晚自习之前半小时，是孩子们最喜欢的时间。这个时间段，我总是会给孩子们讲故事、读文章。这些故事和文章来自《读者》《青年文摘》《知音》《南方周末》《扬子晚报》等我喜欢的报刊，也有我特意购买的《心灵鸡汤》《智慧背囊》和《时文选粹》，更有名家名篇名著。这个时候，所有的孩子都安静下来，只有我的声音拂过孩子们的心坎儿：

世上每个人都是被上帝咬过一口的苹果，都是有缺陷的。有的人缺陷比较大，是因为上帝特别喜欢他的芬芳。世界文化史上有著名的三大怪杰——文学家弥尔顿是瞎子，大音乐家贝多芬是聋子，天才的小提琴演奏家帕格尼尼是哑巴。如果用"上帝咬苹果"的理论来推理，那么，他们都是由于上帝特别喜爱，被狠狠地咬了一大口的缘故。

就说帕格尼尼吧，4岁时出麻疹，险些丧命；7岁时患肺炎，又几近夭折；46岁时牙齿全部掉光；47岁时视力急剧下降，几乎失明；50岁时又成了哑巴。上帝的这一口咬得实在太重了，可是也造就了一个天才的小提琴演奏家。帕格尼尼3岁学琴，即显天分；8岁时已小有名气；12岁时举办首次音乐会，即大获成功。之后，他的琴声几乎遍及世界，拥有无数崇拜者。

有人说，上帝是精明的生意人，给你一份天才，就要搭配上几倍于天才的苦难，这话不假。

上帝很馋，见谁咬谁。所以，人都是有缺陷的。有与生俱来的，也有后天形成的。既然无法抗拒，又难以弥补，就只能"既咬之，则安之"，从容应对。也许这也是上帝对你的青睐，赐给你的坚强。你咬你的，我活我的，不屈服于命运的摆布，像贝多芬那样，扼住命运的咽喉，或者直接公开宣布：上帝死了！

上帝虽吝啬但公平，不会把所有好处都给一个人。给了你美貌，就不肯给你智慧；给了你金钱，就不肯给你健康；给了你天才，就一定要搭配点苦难……

我的声音戛然而止。孩子们饶有兴趣地给故事起名，他们直奔主题——《我们都是被上帝咬过的苹果》。我将这个题目留在了黑板上……

就在讲过这个故事没多久，她忽然向我敞开了心扉。在日记中，她这样写道：

……自打我出生后，父母离异，我饱尝个中滋味。别的孩子有妈妈无微不至的照顾，我多么羡慕他们。我常常想，为什么上帝不赐给我一个完整的家？为什么我的童年要充满苦涩的回忆？我只有这一个小小的心愿，为什么却不能实现？我的心就像打碎的玻璃一样，再也无法愈合……

读了她的日记，我默默地沉思了良久。一个孩子，小小年纪就背负着这样沉重的包袱，命运对她何其残忍！可是，既然命运无法改变，我只有引导她正视现实，鼓励她勇敢面对，走出父母离异的阴影，用阳光般的心态面向未来。我将心里话写在了她的日记本上：

……读了你的日记，老师的心里同样非常难受，小小年纪的你是不应该来承受这些苦痛的呀。但是，老师要告诉你：你的父母虽然分开了，但他们对你的爱并没有消失。你看，爸爸妈妈依然在尽自己最大的努力关心呵护着你，竭尽全力给你两份完整的爱，所以，不要悲观，不要气馁，你依然是一个幸福的孩子,你与班级里的其他同学没有什么分别,唯一的不同,只是爸爸妈妈不在一起生活而已。在我们寄宿制生活的大家庭中,老师和同学都是你的亲人、朋友,有很多的人喜欢着你,默默地爱护着你,你感受到了吗?希望你坚强地面对,快乐地生活!世上每个人都是被上帝咬过一口的苹果,都是有缺陷的。有的人缺陷比较大,是因为上帝特别喜欢他的芬芳。而你,是那个大大的甜苹果!

很快,我读到了她的回复。

……钱老师,在上一篇日记里,我向您倾诉了我的经历,我写那篇文章是鼓足了勇气的。把心里话都倾吐出来,我感到舒服多了、轻松多了。就像您说的那样:每个人都是被上帝咬过一口的苹果,都是有缺陷的。也许是上帝特别宠爱我,所以就把我咬得深一些。虽然我的人生历程中留下了一道永久的伤痕,但我不能对自己失去信心。我会用另一种方式去品味它……

钱老师,听了您讲的故事,看了您写给我的话,我明白了:人生有无限可能,全看用怎样的心态去面对。而我选择了向前走,就要继续走下去,不管有多远,一定要挺住。勇敢地面对身边的一切困扰,等待我的将是更美好的明天,更美好的将来!

钱老师,这是您要的回答吗?

读着一个六年级孩子的话,我的泪忽然滚滚而下……

8. 羞答答的玫瑰静悄悄地开

我笑了,这个傻孩子,即使喜欢小雨又怎样呢?再说,小雨也的确值得大家喜欢啊。

孩子们正在操场上热火朝天地上着体育活动课，一脸泪痕的小杰忽然闯进了我的办公室。一见到我，他哭得委屈极了，泪水怎么都止不住。

我吓坏了，忙问他出了什么事。好不容易平复了他的情绪，小杰才抽抽噎噎地告诉我事情的经过。原来就在刚才，男孩子在谈论班级里谁喜欢谁的话题。结果，小东一口咬定，小杰喜欢上了刚转学过来的女孩小雨。小杰矢口否认，更引来小东的怀疑和误解。于是大家一致认定小杰喜欢上了小雨，调侃小杰"单相思"。小杰百口莫辩，只好跑来向我哭诉："钱老师，我真的没有，我真的没有喜欢小雨啊！"说完，他又哇啦哇啦地哭开了。

我笑了，这个傻孩子，即使喜欢小雨又怎样呢？再说，小雨也的确值得大家喜欢啊。虽说才转学过来一个月，可小雨凭着大方得体的举止、优异的成绩、出色的表现，以40票满票当选为新一任班长，让所有的同学刮目相看。这样出众的一个女孩子，有谁不喜欢才奇怪呢！

但凭着我对小杰的了解，大大咧咧的他不可能有这样细密的情思，也不会有"玫瑰悄然绽放"的念头。难道是小东？

我找来了小东。令我意想不到的是，小东竟然一点都不回避，更不隐瞒，而是异常镇定地承认："是的，钱老师，我喜欢小雨，很喜欢她。"

才上六年级的小东，个子长得老高，比我都高出半头，嘴唇上方隐隐出现了一圈细细的绒毛。豆蔻年华，情窦初开，多么美好而神圣的事情啊！

看到小东直言不讳，如此坦白，我由衷地高兴。我拍着他的肩膀，大为赞赏："好样的，小东！老师欣赏你，像个男子汉，有胆识有勇气很坦诚！"话锋一转，我奇怪地问，"但我不明白，你为什么要去误解小杰呢？"

这一问，小东便涨红了脸，他不好意思了。我一看他的脸色，揣摩一番，便明白了：酸溜溜的，吃醋了！原来，他见小杰最近一段时间经常和小雨在一起说说笑笑，便一厢情愿地认定小杰喜欢上了小雨。好不容易逮着了机会，便将心中的怨气吐向了小杰，于是就有了刚才那一幕。哈哈，多可爱有趣的孩子！

我招呼着小东坐下，问他："你能说说为什么喜欢小雨吗？"小东毫不费力地一下子说了小雨的好多优点和引人注目之处。

我真诚地夸奖他："小东，你的眼光非常好！小雨的确很讨人喜欢，也值得你喜欢！不光是你，我们大家都非常喜欢小雨呢！"话锋一转，我继续说道："那么你想过没有，小雨喜欢你吗？"

小东摇摇头，表示不知道。

"你想想看，小雨会不会喜欢你？"我启发他。想了一会儿，小东黯然地摇着头。

"你为什么会认为小雨不喜欢你呢？"我问。

小东的声音低了："因为我的成绩不优秀，各方面的表现也不突出，和小雨的差距太大了。"

"对啊，你说得一点都不错。小雨曾经和我谈过她的理想，她的目标就是要考取本市一流的重点中学，将来还要去国外留学。这样一个胸怀大志的女孩，她会喜欢怎样的男孩，不用老师说，相信你也明白。"

"老师，我知道怎么做了，我一定会努力的。"沉思了片刻，小东咬咬嘴唇，站起身来。

我拉住他，说了最后一番话："小东，喜欢一个人是一件非常美好的事情，喜欢她就将她放在心里，把她当作心底最美好的记忆。记住，这是你的秘密花园。"

自此以后，小东一改常态奋发努力，他与小雨的相处也并无异样，谈笑自如。

同事打趣说："有你这样教育孩子的吗？你这不是在教孩子谈恋爱吗？"我笑笑不语。

结果令我欣喜：小东和小雨同时考取了他们向往的本市一所重点中学。

9. 寻找我们身边的美

孩子们努力回忆着点点滴滴，竟然发现小星身上蕴藏着这么多的"美好"。

在班里，小星是个孤独的孩子，他几乎没有朋友。因为家住偏僻的农村，父母又没有多少文化，不太懂得照顾他。因此，小星经常灰头土脸，衣衫不整，再加上长得一副傻乎乎的模样，学习成绩也不理想，于是，他便常常成为同学们嘲笑的对象。

课间时分，小星经常一个人默默地坐着，看着周围的同学玩，他的眼神中流露出羡慕与渴望。他多么希望加入同学们的行列呀！可是没有人邀请他。他轻轻地叹了口气，将目光转向了别处。好几次，我鼓励他："小星，快去和同学们一块儿玩啊！"但他似乎没有足够的勇气，只是腼腆地笑笑，仍在一边远远地观望。

班会课上，我让孩子们讨论朋友、友谊、同学间相处的话题。讨论过后，孩子们对小星的态度明显有了改变。但看得出来，小星和同学们的距离还是很远，大家依然对他没有什么好感，对他的态度只限于表面的改观。

这天清晨，我正带着孩子们晨练。站在深秋的风里，我感到了阵阵的寒意。早锻炼一结束，我便蜷缩着微微发颤的身子，埋头朝办公室走。

"老师……"身后一个声音喊住了我。回头一看，是小星。他面对我站着，一边不安地用手抓抓头发，一边似乎在思量着什么。

"怎么了，小星？有事吗？"见他很奇怪的样子，我感到疑惑。

"老师，你昨天是不是生病了？"他终于鼓起了勇气。

他涨红着脸，好半天才憋出了这句话，我笑了："哦，是的，老师昨天去医院输液了，所以没能来学校上课……"

"是我表现不好，让你生气了，你才生病的吗？"没听我把话说完，他紧接着追问。

我一愣，呆了半晌，不觉哑然失笑。

抬起头，再看小星，正仰着天真的小脸煞有介事地期待着我的回答，神情是那样的天真无邪。多可爱的孩子！我不由得心头一热，便伸手摸摸他的小脑袋，笑着摇摇头说："不是的，是老师自己太不小心，受凉感冒了。"

"真的吗？"他偏着小脑袋瓜，将信将疑。

我又一次笑了："真的，老师不骗你，放心去上课吧。"

"哦。"他嘴里应着，脚下却迟疑着，走了几步，又转过身来："那，那老师你可要好好休息哦。"

"嗯，老师一定听你的话。"我点着头，认真地答应着他。

他这才迈开步子，放心地离去。

站在那里，目送着小星的身影，回想着刚才的一幕，我的心里充满了感慨。

有人说，儿童的心灵是一座富有的矿藏，这座矿藏充满着神奇变幻的色彩。要寻找和开掘这座矿藏，常常需要我们小心翼翼地探索。的确，在这之前，我还从未想到一向被孩子们视为"傻里傻气"的小星，竟然也有情感细腻的一面呢。看来要真正了解一个孩子，需要有一双充满智慧的眼睛！

或许，该尝试着引导孩子们去观察、寻找和发现。于是，我布置了一项作业——寻找身边的美，请孩子们随时记录生活中美的小镜头。

那些天，孩子们特别投入，他们在校园里四处转悠，用眼睛捕捉着美的瞬间。一周的时间很快就过去了。

这一节作文课上，我让孩子们以"我发现了美"为题，写一篇作文。孩子们的小手举得高高的，他们争先恐后地告诉我美的发现：食堂叔叔阿姨每天为我们准备可口的饭菜，门卫爷爷每天负责打扫楼道，老师夜深人静还在灯下批改作业，同学们为灾区小朋友奉献爱心……还有，辛勤劳作的爸爸妈妈，上学路上为我们指挥交通的警察叔叔，公交车上助人为乐的陌生人……

看着孩子们亮闪闪的眼睛，我由衷地笑了："孩子们，你们都有一双美的眼睛。罗丹说得好，对于我们的眼睛，不是缺少美的存在，而是缺少美的发现。这几天，老师也经历了一次美的发现……"于是，我将那天早晨的情形描述了一遍。孩子们纷纷猜测着故事的主人公。在一片议论声中，我报出了小星的名字。

教室里惊起了一阵"浪花"，孩子们将诧异的目光投向了小星，小星害羞了。

或许是受到了我的启发，有几双小手举了起来：

"今天教室里的净水喝完了，是小星为大家换的水。"

"有好几次用完早餐，同学们的椅子摆得乱七八糟，小星总是默默地为大家整理好椅子。"

"有一次，走廊里不知被谁洒了颜料，小星主动将走廊拖得干干净净。"

"小星的学习成绩虽然不怎么理想，但他的学习态度挺好的，从不拖欠作业。"

"我们班有些同学总爱嘲笑小星，可是小星总是一笑了之。我觉得他为人宽容大度，这也是一种美。"

……

孩子们努力回忆着点点滴滴，竟然发现小星身上蕴藏着这么多的"美好"。孩子们看小星的目光柔和了。小星呢，原先低垂着的头渐渐抬了起来，腰板也挺直了。

"小星，你看同学们都在夸你呢。你的美，大家都看得见。"

"我，我觉得我做的这些事都是应该的。要不是同学们的夸奖，我还不知道自己身上有这么多的优点呢。"小星憨憨地笑着。

"小星，其实你的身上还有很多优点、很多的美，你应该勇敢一些，大胆地把它们写出来，让同学们更加了解你、喜欢你。老师建议你就写写你自己，好吗？"我用充满期待的眼神望着他。那一刻，我目光中的温暖和鼓励他一定读懂了，他使劲地点着头。

后来，我读到了好多孩子写的文章《小星，你真美！》，我也读到了小星写的文章《我发现了我的美》，我还看到了下课后的另一番景象：同学们围在小星的课桌旁叽叽喳喳，好不热闹……

10. 最美的"惩罚"

惩罚不是目的，它更多的时候是一种提醒、一种尊重、一种信任，更是一种美好的、深刻的爱。

班级里要建立"图书角"啦！当我宣布这个好消息时，孩子们兴奋不已。他们忙着为"图书角"取个好听的名字，自告奋勇担任图书管理员，还有的张罗着将家里的好书一股脑儿都搬到学校，捐献出来给同学们阅读。看着孩子们的热情劲儿，我打心眼里感到高兴。

没过多久，班级图书角正式开张了。望着书架上排列得整整齐齐的书，孩子们乐开了花。之后，借书、读书、还书，一切都在有条不紊中进行。看到孩子们沉浸在阅读之中，品味着书香，滋养着心灵，我觉得满足、欣慰。

但还没等我从喜悦中回过神来，一件意想不到的事情发生了。几个孩子气喘吁吁地跑来告诉我：书架上的一本书《安徒生童话》不翼而飞了。也难怪孩子们如此慌张，《安徒生童话》可是孩子们的最爱呀！到底是谁拿走了它？我沉思着。孩子们也在一旁议论着，互相猜疑，甚至还有孩子向我提议搜查书包。搜查书包，绝对是可行的办法，因为图书是在课间丢失的。但我知道，如果按照这样的方法、这样的思维去处理这件事情的话，书会找回来，可那个孩子呢，他该怎么办？他将如何面对老师和同学？墙倒众人推，他还有勇气见人，还有勇气做人吗？

考虑之后，我说："同学们先别着急，说不定是哪位同学拿错了书，让我们耐心等待吧，相信《安徒生童话》一定会回到书架上来的。"安抚了孩子们的情绪之后，我赶到新华书店，重新买了本《安徒生童话》。

语文课上，我给孩子们读《安徒生童话》，讲可爱的丑小鸭，讲善良美丽的小人鱼："小人鱼把刀子远远地扔进了大海，大海掀起的浪花顿时发出一道红光，好像鲜血溅出了海面。小人鱼再一次回头看了一眼王子，纵身跳入了大海——她变成了海上的泡沫。"读完这个故事，我发现孩子们的眼里闪着泪花，他们被深深地感动了。看着孩子们亮晶晶的眼睛，我说："美丽善良的小人鱼，为了保全王子，宁可牺牲自己，这种精神多么可贵！我们喜欢《安徒生童话》，因为它讲述了一个又一个真善美的故事。对于喜欢的好书，我们总是想仔仔细细地多读几次，每读一次也就会多一份感动。如果你喜欢读《安徒生童话》，就放在身边多读读，但老师相信，《安徒生童话》一定会回到真正属于它的'家'。因为我知道，喜欢看《安徒生童话》的孩子一定是个纯洁善良的好孩子，他懂得为别人着想，懂得美好的东西大家一起分享才更快乐。"

第二天一大早，奇迹出现了：《安徒生童话》完好无损地回到了书架上。看到书"回家"了，孩子们可高兴了。一本书的回归，更是一个孩子心灵的回归，还有什么比这更让人欣慰的呢？我回到办公室的时候，拿走《安徒生童话》的那个孩子已经在等我了。他满脸的羞愧，怯怯地向我坦承了事情的经过，并等着我的"惩罚"。我拍着他的肩膀说："那好，从现在开始，我就'罚'你做班级里的图书管理员吧！"说完，我递过新买的《安徒生童话》。孩子充满惊讶的眼睛渐渐湿润了……

惩罚不是目的，它更多的时候是一种提醒、一种尊重、一种信任，更是一种美好的、深刻的爱。如果说，一次最美的"惩罚"如同接受一次阳光的洗礼，那么我想，这样的"惩罚"可以让一个人受益一生。

第五章
正方法：让孩子成为教育的主角

孩子有自己的生活和世界，享有自己的尊严和权利。尊重孩子，信任孩子，放手让孩子成为教育的主角：给一些空间，让他去探究；给一些时间，让他去体味；给一些自由，让他去选择……让他在做事中明白责任，在苦痛中懂得珍惜，在失败中收获经验，在流泪中学会坚强……

——真正的教育是自我教育。将学生作为教育的主体、发展的主体，把班级还给学生，把成长的机会还给学生，把成长的平台还给学生，把成长的权利还给学生，才能实现真正的自我成长。这是教育的正方法，是终极目的，也是理想境界。

1. 爱的表白

读着孩子们的作业，听着他们发自肺腑的声音，我很欣慰。我想，孩子们得到的，不仅仅是完成一次作业带来的收获。

母亲节前夕，我布置了一个作业：拥抱妈妈，对妈妈说一声"我爱你"，并用文字记录下这一过程。

话音刚落，孩子们一片哗然："这样的作业怎么完成啊？""啊呀，对妈妈说'我爱你'，多肉麻呀！""是啊是啊，太肉麻了！""都长这么大了，说出来怪难为情的！""老师，这个作业，我能不能不做？"

我斩钉截铁地说："不行！不管用什么样的方式，每个同学必须完成这项作业！"

周日返校，孩子们一反周五的可怜巴巴，一个个乐颠颠的。我想他们一定得到了爱的呼应。果然，孩子们说起自己的体验，个个神采飞扬。在与孩子们的交流中，我也了解到了爱的表白背后的有趣故事。

小荣同学一回家就拿出纸和笔，准备用纸条给妈妈传情。就在她提笔书写的时候，门外传来了妈妈的说话声。小荣慌忙将草草写着"我爱你"三个字的纸条匆匆塞进了妈妈的枕头底下。第二天一大早，小荣还在睡梦中呢，妈妈就来敲她的房门。妈妈一脸幸福地说："瞧，你爸爸向我'二次求婚'了！"说罢，还得意地扬了扬手中的纸条。小荣仔细一瞧，妈妈手中拿着的不正是自己写的纸条吗？她恍然大悟，原来妈妈错把自己写的纸条当成是爸爸爱的表白了。看着妈妈幸福的模样，小荣哭笑不得，但又不忍心破坏妈妈的好心情。于是，她看着妈妈揣着纸条，笑得傻乎乎的，一次次地向别人晒幸福……

哈哈，一项作业竟然制造了一次意外的浪漫！孩子们笑了，我也禁不住乐了。

小周同学呢，好不容易鼓起勇气对妈妈轻声表白，却被妈妈一把推开了："别肉麻了，离我远一些！"虽然被回绝了有些失落，但看见妈妈轻轻上扬的嘴角，小周立刻恢复了好心情。她说："因为妈妈的心在笑，而且笑得很欢，不然妈妈怎么会藏不住脸上的笑意呢？"呵呵，又是一对有意思的母女！

小汤同学近来与妈妈的关系有些僵。他说，正想着如何与妈妈和解呢，正好这次作业创造了一次机会，可以"正大光明"地与妈妈和解啦。他记录下了自己的经历：

我深吸一口气，还是有些紧张，很不自然地说："妈妈……"没想到妈妈也有些紧张地看着我："你是不是又干坏事了？"听了妈妈的话，我不禁笑出了声。一发笑，居然不紧张了。我一本正经地说道："妈妈，老师布置了一个作业，要我拥抱一下你。顺便借这个机会，我们母子俩的关系也缓和一下，我想你肯定会同意的吧？"妈妈听后，有些激动地站起身来，张开双臂说："来吧，儿子！"我赶紧迎上去说："妈妈，我爱你！"妈妈听后也大声说："儿子，我也爱你！"

哈哈，好可爱的母子俩！

再看看其他孩子的感言。小陆同学说："当我鼓起勇气对电话那头的妈妈说'我爱你'的时候，妈妈似乎愣了一下，笑着打趣说：'女儿，你今天是不是吃错药了？'听了妈妈的话，我顿时急了，怎么也没想到妈妈会这样说，赶紧把老师布置的作业告诉她，最后还不忘埋怨她一句：'你这样说，我回学校怎么向老师交差啊！'听了我的话，电话那头的妈妈沉默了一会儿，好半响才说：'哦，那就这样吧。'说完，妈妈就挂断了电话。听得出来，妈妈的话语中有失望，也有遗憾。我顿时清醒过来，啊呀，我怎么能这么说妈妈呢？妈妈当时一定很希望我的话是发自内心的告白，可我却把它当成了一个任务来完成……"

小严同学说："我在一张粉色的便签上写下了'妈妈，我爱你'这句话，把它贴在了我为妈妈准备的洗漱用品上。妈妈惊讶了一下，立即反应过来，大声喊我的小名，紧紧地抱住我，在我耳边喃喃地说：'我也爱你，宝贝，谢谢你！'听了妈妈的话，我的眼眶湿润了。其实，说谢谢的人应该是我。我的妈妈，从31岁到42岁，她把这整整11年的时间都给了我，却从未向我索取过什么……"

小沈同学说："当我对妈妈说'我爱你'的时候，妈妈愣了好一会儿，她的眼眶里闪动着晶莹的泪花。我突然发觉，我只要做一件小小的事情，妈妈就会很感动很满足；而妈妈为我付出那么多，为我做了那么多的事情，我却感觉不到……"

小高同学说："当我扑进妈妈的怀抱，说着'我爱你'的时候，妈妈惊呆了，好一会儿才回过神来，她搂着我，对我说'宝贝，我也爱你'。我心想，如果我时时刻刻都关心体贴妈妈，那么或许妈妈就不会为我今天的举动感到惊讶了吧！"

小叶同学说："今天我有些难过，因为我没有亲口表达出我对妈妈的爱。但转念一想，虽然这句话我说不出口，但我可以用其他的语言和行动来诠释我对妈妈的爱……"

小谢同学说："让妈妈开心，不是对妈妈说一句'我爱你'这么简单，而是要让妈妈安心，不让妈妈操心。我也要感谢钱老师，布置了这样一个特殊的作业，让我体会到了什么是母爱……"

……

读着孩子们的作业，听着他们发自肺腑的声音，我很欣慰。我想，孩子们得到的，不仅仅是完成一次作业带来的收获。

2. 带着美好的记忆向前走

带着美好的回忆向前走，这是老师对你的期望。当你偶一回头，你会发现，老师一直在你身后，对你的期待和祝福永远不会改变！

子旖毕业时，写给我一篇文章，题目是"一滴水的眷恋"。那时，我只知她对我的眷恋如一滴水般通透无瑕，却原来"滴水藏海"，她的心里早已拥有海洋般的深情。

（1）等你的电话

那天，在初一新生的军训队伍里看到她，我吃了一惊。原来是多么古灵精怪快乐的孩子啊，此刻，却紧绷着一张小脸，表情木然，整个人像被烈日曝晒过的一棵草，毫无生气。

我心疼，微微喊了声："子旖！"她听到了，猛地转身，冲出队伍，扑向我，放声大哭起来。我措手不及，连声问她怎么了。她不作声，埋在我的怀里，紧抱着我，好像要将受的委屈一股脑儿宣泄出来。我吓坏了，问她出什么事了。她抽噎着吐出一句话："钱老师，我想你！好想你！我想我们的六（2）班！"一听这话，我的眼泪顿时涌上了眼眶。这个傻孩子啊！我拍着她的背安慰她。她抱着我不肯撒手，不愿回队伍。她的新班主任在一旁默默地看着子旖。我有些尴尬，告诉子旖，先回到班级队伍参加军训，并试图挣脱她的拥抱。子旖仿佛发狂了一般，哭得更大声，将我抱得更紧了，怎么劝都不管用。无奈她的班主任老师只好将她拽走了。

晚饭时间，她来找我，还是眼泪汪汪的样子。我问她吃过晚饭没？她说没有胃口吃不下。我说不吃饭可不行，和老师一块儿用餐吧。她马上开心起来。

两节晚自习之间只有 10 分钟的休息时间，她依然跑来找我，腻着不肯离开。好端端地说着话，忽然又有什么触动她的心弦，她眼睛一眨，眼泪又下来了。我打趣她变得像林妹妹一样，动不动就流眼泪。

更好笑的是，上课铃声响了，她又摆出一副可怜巴巴的样子央求："钱老师，我能不能留在你身边，不去教室上课啊？"

我坚决回绝："不行！"

"那好吧。"她一边走，一边回头，一边摆手。真的是一步三回头啊。看得我又叹气又怜惜。

这孩子，怎么就跟没长大似的呢？

小学的军训提前结束，我也准备回家了。子旖眼泪汪汪地看着我："钱老师，你能不能不要回家，你能不能留下来陪我？"

我硬生生地说："不可以。"

她又摆出一副可怜样："你走了，剩下我一个人怎么办呀？谁陪我吃饭陪我说话呢？"

我笑了，摸着她的头："傻孩子，你长这么大了，还要我陪你吃饭吗？和同学们一起用餐多开心呀。多结交新朋友，有什么事情找班主任老师，大家一定会很喜欢你，会很乐意帮助你的。"

"可是，钱老师，我会想你的呀！"

"想念我的话，你可以给我打电话呀。但是子旖你要记住，你现在是中学生了，应该适应新的生活。不要伤感，不要悲观，别太留恋过去的时光，勇敢地向前看往前走，你的生活才会展现出更广阔的天地。钱老师不希望你一直沉迷在过去不能自拔，以至影响你现在的学习与生活。明白吗？"

她可怜巴巴地说："钱老师，你说的这些话我都明白，我都懂，可是我就是控制不住自己，控制不住地想你，想同学们。我一闭上眼睛，看到的都是你的影子、你的笑容、你的声音……"话还没说完，眼泪又溢满她的眼眶。

我的心一下又软了。

"那我能不能每天晚上给你打电话，跟你说说话？"她抹着眼泪。

"行，我等你的电话。但我有一个要求，打电话时你不能伤心，不能哭，老师想听你讲每天发生的新鲜快乐的事儿。"

她答应了。

那些天，那些日子，每到晚上8:45分，我就准时等候手机铃声的响起，等候属于她的那一声欢快的——钱老师。

（2）扶你过这个坎儿

开学了，我心里忐忑着：不知子旖怎么样了？

她来了，带着一个新伙伴。她乐呵呵地向我介绍，那是她的新朋友，她们很谈得来。我为她感到高兴，朋友也是快乐的源泉啊。我希望她快乐。

她看着班级里坐着的一大群孩子，笑嘻嘻地说："钱老师，我好羡慕他们哦。我能不能坐到你的班级里来啊，我好想再回到四年级，好想没长大，这样我又可以跟你在一起了！"我忙打住她："嘿嘿，别尽说些不靠谱的傻话啊，面对现实，现在你已经升初一了呢！要是你再这样的话，我可要不愿意再见你喽！"

她不高兴地噘起了嘴，说："钱老师，你的心现在怎么变得硬邦邦的了？好铁石心肠啊！"

我认真地告诉她："子旖，你来看我，我很高兴。但我希望，出现在我面前的你是快快乐乐开开心心的，而不是多愁伤感一味逃避现实，连面对新生活的勇气都没有。这可不像我心目中那个积极开朗、乐观向上的子旖哦。带着美好的回忆向前走，这是老师对你的期望。当你偶一回头，你会发现，老师一直在你身后，对你的期待和祝福永远不会改变！"

她眨着眼睛，若有所思。

我拍拍她的肩膀："去吧，回到你的班级中，去认识新的老师，去结交新的朋友，开始新的学习生活，不要辜负自己。老师相信你到了初中依然会很棒。如果想我了，就回来看看我。等你的好消息！"

"嗯！"她认真地点点头。

看着她的背影,我长出一口气:子旖,希望你能理解我的良苦用心。

有一回,我正好碰到子旖的爸爸。子旖爸爸也察觉到了子旖的变化,觉得子旖不如小学时那么快乐健谈,变得内向沉默了,学习上的热情也在消退,他很着急。我说,这是孩子的一个过渡期,得小心翼翼地搀扶着她越过这个坎儿。

于是,再遇到子旖,我很明确地对她提出要求:第一、想我了,可以来看看我,但不是每天,因为初中功课多、任务重,不能为了来看我而分神;第二、带着笑容来,我很欢迎;如果只是为了伤感的回忆,我会避而不见。

我想,子旖需要的只是时间,她一定能重新找回自己,我对她有信心。果然一段时间后,再见子旖,她又变成那个叽里呱啦讲个不停的子旖了。有一天,她很欣喜地告诉我,她被推选为班长了。看到久违的笑容在她脸上重现,看到新生的力量在她心底焕发,我很欣慰。

渐渐地,她到我办公室的次数不那么频繁了,我知道,她在充实地忙碌着,在努力地适应新生活,在迎接自我的挑战。这是我愿意看到的。

现在的她,还是会到办公室来看我。尽管她的学习生活很紧张,但哪怕上课路过我的办公室,她也要进来停留两分钟。就像以往一样,她的脸上开心地笑着,嘴里大声地喊着"钱老师",话音未落,人已经走到跟前了,一开口便是:"饿死我了,钱老师,你这儿有没有什么好吃的东西呀?"之后,便毫不客气地开吃,没有一丝女孩子的忸怩。

很多次,在校园里遇见我,她问的第一句话就是:"钱老师,班上那帮小屁孩乖不乖?有没有欺负你?"我觉得好笑,反问她:"你说呢?"她若有所思地打量着我,点点头:"嗯,谅他们也没那个胆。否则的话,哼哼……"一转脸,她又露出一贯的调皮笑容,笑嘻嘻地凑近我问:"钱老师,是我们六(2)班好还是现在的班级好?"我打她一下头:"小鬼头,你又来了,怎么总是问这个问题啊?"她调皮地吐吐舌头:"因为我想知道啊。"转而,她又一本正经地指着我说:"钱老师,我不允许你对这帮小屁孩那么好,我要吃醋的哦!"

有一回,子旖很认真地对我说:"钱老师,早知道你对这帮小屁孩那么好,说什么也不让你教他们了。"她不理会我的笑,又很严肃地说:"钱老师,升到六年级不准你教这帮小屁孩了!"我问为什么呀?她话里酸溜溜的:"你看,我跟您在一起的时间才只有三年,三年啊。升到六年级,你再教他们,不也要和他们待在一起三年吗?岂不是和我跟您在一起的时间一样长了。不行!绝对不可以!"这个古灵精怪的孩子啊,真是让我又感动又好笑。

但是,我是那么喜欢她,喜欢她如一眼就能看到鹅卵石的湖水般,清澈明净的心灵。

(3) 爱你一生一世

跟子旖之间的故事很多很多。

初一的暑假,她去英国参加为期一个月的游学。在遥远的异国他乡,语言不通、人地生疏,孤独、苦闷、无助、压力可想而知,再加上水土不服、思乡怀亲心切又无处可倾诉,子旖便给我挂电话。电话那头的她一听到我的声音,情绪一下子失控了,她在电话里号啕大哭。那一个越洋电话整整打了一个半小时。我耐心地听她哭,听她说,我知道她需要倾诉。等她心情慢慢平复,我再宽慰她,开导她,鼓励她,启发她,并且承诺:24 小时开机,任何时候她都可以给我打电话。

那段日子我终身难忘。虽然远隔千山万水,我握着手机,依然可以清晰地听到子旖从遥远的英国传过来的声音:"钱老师,我好想你!"

2014 年 5 月 20 日,我正坐在办公室里安静地批改作业。音乐老师走了过来,递给我一封信,是子旖写的。收到子旖的信已经好几次了。那天的信,是写在明信片上的。

读第一句话,我就流泪了:钱老师,很久没有去找你啦,很想你。写作文写到你,哭了整整一个晚自习,到宿舍给你打电话,却是关机。想起我在英国给你打电话哭鼻子,那时我就想,世界上应该再也没有第二个人能听我如此倾诉了。那时的你,就算跨过整个欧亚大陆也是有魔力的……

子旖的最后一句话让我泪流不止:"钱老师,现在时间是 5 月 20 日 13 点 14 分。5201314,我爱你一生一世!"

3. 等你

以后，我和小瑶之间有了异常默契的约定。每次，等她乐颠颠地跑来告诉我有把握默写词语了，我就去班上进行默写；等她告诉我会流利地背诵课文了，我就去检查孩子们的背诵……

清早，跨进办公室，眼前一亮：那盆放在窗台上无人问津的小花居然已经长出好多花蕾，含苞待放了。多么可敬的生命！只要一丝阳光、一点雨露，生命之花就能绽放得如此从容美丽。

心怀对真实生命的敬畏与感动，我迈步进了教室。教室里，孩子们正朗读着课文，一张张生动的小脸沐浴在美好的晨光中，我的心头又是一暖。我的目光一一在他们身上停驻。很多孩子感觉到了我目光里的柔和，亦热切地迎着我的眼神，就像阳光下舒枝展叶的花朵，焕发着神采。

我的目光忽然碰触到了小瑶——这个在班里默默无闻的女孩。见我的眼光正投射到她的身上，她像一只受惊的小兔子慌乱地看了我一眼，有些哀怨，有些无助，很快垂下了头。那眼光让我的心顿然打了个卷。我飞快地搜索着小瑶存于我脑海的所有片段。我惊讶地发现，竟然是一幅幅相同的画面：我一遍遍地催问，谁的作业没完成？谁的默写没订正？谁的课文没背完？众目睽睽之下，小瑶一次又一次无奈地举着手，一次又一次默默地承受着奚落和嘲笑……

我的心一紧，想起了那盆摆放在窗台上不起眼的小花。小瑶不是又一朵缺少呵护与怜惜的被冷落的"小花"吗？一种说不出来的内疚感油然而生。每天行走在孩子们的中间，每天看着孩子们在自己的视线里，竟然如此长久地忽略了一个孩子，忽视了一个鲜活生命的独特存在！

下课后，我找到了小瑶。小瑶低垂着头，一副诚惶诚恐的样子。暖暖的阳光照在她身上，亮得有些照眼，她仿佛没有注意这些，只是默默地站着。我拉住她的手，说："小瑶，要默写词语了，你会默写了吗？"她不说话，轻轻地摇了摇头。我拍着她的肩膀，笑着说："哦，没事，等你能默写的时候老师再进行默写，好吗？"她有些惊讶，慢慢抬起头，疑惑地问："真的吗，老师？"我依然微笑着，说："是啊，等你有把握了，就告诉老师一声，好吗？""嗯！"她使劲地点着头。过了两天，她很开心地跑来找我："老师，我能默写词语了。""好，祝你成功！"我冲她做了个胜利的手势。她喜滋滋地跑开了。

默写本批出来了，小瑶默写得前所未有的好——她得了第一个100分。在鲜红鲜红的100分旁边，我又盖上了一个红彤彤的"大苹果"印章，作为对她的奖励。

"默写问语得了100分的同学，请自豪地把你的手举起来！"我看见小瑶的手举得高高的，小脸焕发着从未有过的光彩。我不失时机地说："真棒，小瑶得100分了！"小瑶羞涩的笑脸更生动了。

以后，我和小瑶之间有了异常默契的约定。每次，等她乐颠颠地跑来告诉我有把握默写词语了，我就去班上进行默写；等她告诉我会流利地背诵课文了，我就去检查孩子们的背诵；等她的作业全部完成了，我再去统计孩子们的作业完成情况……我刻意安排她在同学们面前熟练地背诵课文，我无比骄傲地展示她作业本上的一个个红勾勾，让她感受同学们惊讶和佩服的目光……我想，我只是在等，等待阳光下一朵花努力地开放。

每一种花都有特定的成长环境，气候适宜，花才开得绚烂多姿。每一个孩子都有属于自己的成长方式。等待花开，体味花开的幸福；等待绽放，聆听成长中生命拔节的声音。

4. 让学生做一回老师

小小的一点尝试，在我与孩子们之间形成了一种平等、民主、和谐的师生关系，让我更多地理解了孩子，更好地了解了自己，也让师生之间又多了一座互相交流沟通的桥梁。

学期末，按照惯例，又要为孩子撰写评语了。每当这个时候，我总是异常谨慎。因为我清楚地知道，孩子们对于我的评价是多么期待、多么在意。

我用了整整一个星期的时间，捕捉孩子们在我心目中的样子，为每个孩子写上最诚恳的话语、最真挚的祝福。当画上最后一个句号时，我不由地长长吐出一口气。

写完50个孩子的评语，仿佛把我的心一下子掏空了。但，掏空了的心竟然如此的沉醉满足。我突发奇想：我在孩子们心目中又是怎样的呢？为什么不让孩子们也给我写一次评语呢？

我略带羞涩地吐露这个想法，没想到孩子们欢呼雀跃，欣然领命。他们一个个眨巴着眼睛，思考得挺认真呢！孩子们陆陆续续将写好的评语交给了我。我如获至宝，一口气读完，不禁思绪万千。

孩子们给我写的优点使我信心倍增："钱老师，您是一位聪明的老师，您教学方法与众不同。语文课上，一个简单的'聪'字就使我们明白了深刻的道理。""您善于和我们沟通，总是把我们当成你的朋友，以诚相待，以礼相待。遇到事情，您总爱和我们商量，和我们没有一点距离。""您经常会给我们鼓励和赞赏，一张红通通的喜报、一张闪光卡、作业本上的'红苹果'，都让我们感到惊喜。""您愿意放下老师的身段，倾听我们的心声。您处处为我们着想，写评语的时候，把我们的优点写得特别多，写缺点的时候小心翼翼，生怕太直截了当会伤了我们的自尊心。"……

有些评价眼光独到，出乎我的意料。婷婷说："钱老师，您重感情爱写作。读着您那富有情感的文章，我真是好羡慕！什么时候我能像您一样写出精彩的好文章呢？"一凡写道："Miss 钱，您是一个大儿童。上活动课的时候，您和我们一起跳长绳、打羽毛球，这时的您仿佛回到了童年，像个小女孩一样又蹦又跳，可爱极了。"永强说："钱老师，我敬佩您具有孙悟空一样的火眼金睛，您居然能认识每一个同学的字迹，太了不起了！"馨予说："钱老师，您是一个情商很高的人，您懂爱。从您身上，我学会了爱和感恩。"……

孩子们指出的缺点与不足让我脸热心跳，深感惭愧："钱老师，您有一个缺点，就是有时候容易生气。记住少生气多微笑哦，这样的钱老师会越来越漂亮。""课后的钱老师与我们无拘无束，好像朋友一般，不知道课上的钱老师能否与课后的钱老师一个样呢？期待中。"……

孩子们提出的希望情真意切，真挚感人："钱老师，您爱写作，但不要每天都写得很晚，要注意多休息呀！""钱老师，我发现您太瘦了，肯定是营养不足。您要多补充点营养，老是贫血、头晕可不行。要是生了病，那我们该多着急呀！""钱老师，多吃饭不挑食，多吃巧克力，多吃肥肉，您一定会长胖的！""希望钱老师加强运动，和我们一起参加早锻炼哦。"

短短的评语让我感受到这么多热情的赞扬、真挚的鼓励、诚恳的希望和无微不至的关怀。小小的一点尝试，在我与孩子们之间形成了一种平等、民主、和谐的师生关系，让我更多地理解了孩子，更好地了解了自己，也让师生之间又多了一座互相交流沟通的桥梁。

陶行知先生曾写了一首歌《小孩不小歌》："人人都说小孩小，谁知人小心不小。你若小看小孩小，便比小孩还要小。"老舍先生也说，孩子的世界是未曾发现的美洲，孩子就是哥伦布，带人到新大陆。孩子，我永远的老师！

5. 乖乖午睡的秘密

我笑笑,答道:"哪个宿舍午睡纪律最好,钱老师就喜欢到哪个宿舍去午睡。"

春天不是读书天。春天是容易犯困的季节。一听说学校安排午睡,孩子们乐翻了天。

每天中午,孩子们去午休。我总是将他们送到宿舍,挨个嘱咐,等他们安静入睡后,便回办公室。

虽然事前已经做足了"功课",孩子们也信誓旦旦地向我保证,一定会遵守午睡纪律,安静午睡,但我预料之中的事情还是发生了。

孩子毕竟还是孩子,待我走后,有调皮的孩子便讲起话来。话匣子一打开就收不住了,结果闹腾得整个宿舍的孩子都睡不好觉。

每天,总有这样的事情发生;每天,也总有孩子跑来向我"告状"。负责管理宿舍的生活老师也向我倾诉"苦经"。

这天,我照例又去宿舍巡视。看见我来了,孩子们自然很乖巧很懂事,一个个早早上了床,闭着眼睛假寐,还有孩子故意发出轻轻的鼾声。

巡视完所有的宿舍,我转身走进了生活老师抱怨的午睡纪律最差的512宿舍。

"今天,钱老师和你们一起午睡,欢迎吗?"

"欢迎!"六个男孩子又是惊讶又是欢喜,从床上蹦起来。

"可是,我睡哪儿呢?"

"老师,睡我的床铺吧。"

"老师,到我这里来。"孩子们热情得很。

"谢谢你们,我想问,这两天谁午睡表现最好?"

"小琦表现最好，他很守纪律，从来不参与我们讲闲话。"

"好，那今天钱老师就睡在小琦的床上。"一听这话，孩子们的眼光马上投向了小琦，目光中有掩饰不住的羡慕。小琦开心极了，偷偷地朝同伴做出了胜利的手势。"小琦，我和你一起睡哦。"我邀请小琦。

小琦的床铺，被单铺得平平整整，被子叠得四四方方，真不赖！我躺在小琦的床上，盖上软软的被子，轻轻舒出一口气：真舒服啊！再看小琦，大张着嘴巴，傻傻地盯着我，开心得不知所措。再抬眼看看其他孩子，一个个伸长着脖子盯着我看呢。见我望向他们，马上一个个哧溜一下钻进被窝去了。

宿舍里静悄悄的。我静静地躺着，倾听着孩子们的呼吸声。小琦呢，依偎着我，有些忸怩，又一脸的满足。只一会儿工夫，他就靠着我睡着了。

十分钟过后，孩子们都已经进入了甜蜜的梦乡。我轻轻下了床，依次走过他们的床铺。这样安静美好的时刻，令我动容。

午睡结束，回到办公室还没一会儿，一大群孩子就闯进来了，七嘴八舌的："钱老师，今天你是不是去512宿舍午睡了呀？"

"钱老师，为什么你去512宿舍午睡，你为什么不来我们宿舍呢？"

"钱老师，你什么时候来我们宿舍午睡？"

我笑笑，答道："哪个宿舍午睡纪律最好，钱老师就喜欢到哪个宿舍去午睡。"

"真的吗？"孩子们欢呼雀跃。

"当然，钱老师说话算数。"我点着头。

"哈哈！"孩子们开心了。

"我们要努力啊，明天争取让钱老师来我们宿舍午睡。"听，刚走出办公室，舍长已经在做动员工作了。

"嗯，谁都不许拖后腿，我们要让钱老师天天睡在我们宿舍，谁也别想抢走钱老师。"

"对啊，这样钱老师就属于我们宿舍了！"

听着这样的对话，我不禁笑了。

于是，每一天，我就在"翘首企盼"和"万众瞩目"中在黑板上留下一句：今天，钱老师去××宿舍午睡，共度好时光。

记得有一回，我去女生208宿舍午睡。六个女孩子兴奋得不得了，吃过午饭，就早早进了宿舍，将宿舍重新打扫了一遍。地面一尘不染，物品摆放得井然有序，床铺整理得平平整整。我推门走进去，六个女孩子整整齐齐分站两边，夹道欢迎，好像在迎接贵宾一般。这情景真让我感动。

女孩子们抢着要我睡她们的床铺。面对盛情邀请，我真的不忍心拒绝她们，恨不能多生出几个"我"来，好一一满足她们的要求。我答应，一定在本学期放暑假前满足她们的要求，在每一张小床上都睡一遍。

那一天，我在橙子的小床上安然入睡。也就在这一天，我读到了橙子的日记。

今天午睡时间，钱老师竟然睡在了我的小床上。看到钱老师睡在我的小床上，盖着我的小被子，枕着我的小枕头，闭着眼睛，甜甜地睡着，我的心里别提有多开心了。要知道，六个同学之中，我是第一个幸运者！我感到自己很幸福。因为幸福，所以今天的午睡时间，我睡得特别踏实，特别满足。我是多么不愿意听到午睡结束的铃声响起啊。当钱老师准备动手帮我整理床铺时，我拦住了钱老师。我舍不得，我不想破坏钱老师留下的痕迹。还是那样形状的被窝，还是那样摆放着的枕头，不同的是，上面留有钱老师的气息。晚上睡觉时，我一钻进被窝，就会想起钱老师。嗅着钱老师留下的芬芳，我一定能睡个好觉，做个好梦，梦见花开……

"梦见花开……"在这样明媚的季节，读到这样的句子，仿佛是一朵清新的莲在心间慢慢绽放。

6. 别样作业别样情

我很喜欢布置这样的作业，每次批阅这样的作业，我的心底总是漫过一片月光般的柔情。我看到的是一种真正的自我成长，同时来自于我、我的孩子和家长。

写下"作业"两个字，我眼前浮现出孩子执着笔，目无表情，机械麻木地在本子上划动的画面。那迷茫的神情，心不在焉的样子，让我的心生疼。

于是我想，作业，是不是非做那么多不可？作业，是不是非呈现在纸上不可？作业，能否用更好更丰富的形式来呈现？

我想，作业除去对知识的巩固复习之外，不能忽视对孩子心灵的关注。比如开放、实践；比如趣味、新奇；比如探索、体验；比如合作、情感。

"亲子作业"最初是从"亲子阅读"开始的。每个月，我都会向孩子们推荐好书、推荐美文，邀请家长和孩子一起阅读，写下心得体会。这份作业经常勾起我温柔的遐思：宁静的夜，清凉安逸。靠窗的书房，淡淡的灯光下，一家三口围坐一起，共捧一本书，静静地阅读，那是多么和谐动人的画面呀。读到动情处，坐在爸爸妈妈中间的小家伙眼睛笑得眯成了一条线，他抬头瞧瞧爸爸，爸爸的脸上带着笑；又看看妈妈，妈妈的眼睛里也含着笑。两只温柔的大手不约而同抚上了他的小脑袋。时光是这样的安详静谧，一个美好的夜晚、一份美好的心情、一个小欢喜，原本就可以是一本好书、一篇美文带来的。

"亲子交流"，那是铭刻在我心灵深处的不老记忆：月亮在白莲花般的云朵里穿行，晚风吹来一阵阵欢乐的歌声。我们坐在高高的谷堆旁边，听妈妈讲那过去的事情……可是，不知从什么时候起，匆匆行走的我们忙碌得连陪伴孩子，与孩子交流的时间都没有？于是，我对家长们说，忙，都是为了孩子；所以再忙，也要留点时间给孩子！我们寄宿班的孩子，一周才回家与父母团聚一次，这样的时光尤为值得珍惜。每个周末，我总是要给孩子们布置这样的作业：采访爸爸妈妈，听爸爸妈妈讲述童年的故事、求学的经历、创业的过程；和爸爸妈妈说说你的心里话，如学习的压力、友谊的困扰、网络的诱惑……一家人，就着话题，敞开心扉，谈谈各自的想法，交流各自的观点。和谐、理解、宽容、尊重、感恩，就在时光的流逝中悄然生长。两代人之间的一些误解、矛盾甚至代沟，也就在完成作业的过程中温柔化解。

一份份"亲子作业"整整齐齐摆在我的案头。我细细地读，用心地圈画家长与孩子写下的心灵感言，认真地写下自己阅读后的感受与收获，整理汇总张贴于教室外墙。孩子、家长、路人都爱在"闪光墙"前驻足、阅读、凝神沉思。

"亲子"系列作业中，"亲子体验"是孩子们觉得最有趣的。春暖花开时节，家长和孩子一起去郊外寻找春天。在草丛中急急行走的虫子，枝头米粒般的嫩红色小芽，田野里毛茸茸的一抹新绿……孩子们拿着自己的摄影作品，将蓬蓬勃勃的春天带到了我的眼前；端午时节，孩子们跟着家人学习包粽子，了解端午的习俗，听听屈原的传说，油然而生的是对一个节日的情怀，对一种精神的追思。

每次批阅这样的作业，我的心底总是漫过一片月光般的柔情。我看到的是一种真正的自我成长，同时来自于我、我的孩子和家长。我从"亲子作业"的反馈中真切地感受到脉脉的温情。这样温暖的日子，这样温馨的时光，会成为孩子们长长的一生中最宝贵的财富。

学校的超市是孩子们有事没事总爱去转悠的地方。打印出来的消费单上，孩子们的每月消费金额让我大吃一惊。勤俭节约、不铺张浪费，尽管三令五申，但对于眼下这些衣食无忧的孩子来说，没有丝毫触动。怎么办？我想到了布置"亲子作业"——跟着爸爸妈妈去上班。这一回，孩子们又有别样的感受。

有的孩子跟着爸爸妈妈下到工厂车间，在嘈杂的环境中感受工作的辛苦、身体的劳累；有的孩子跟着父母去银行，看到父母为接单对客户笑容可掬，不厌其烦，不敢有一丝怠慢，感叹工作的压力、竞争的激烈；有的孩子去了自家开的店铺，跟父母一整天守着店铺，店内客人却寥寥无几，才知做生意的不易、赚钱的艰难；还有的孩子去了医院，跟着当护士的妈妈跑前跑后，像陀螺似的转个不停……一次体验，让孩子们感叹：爸爸妈妈真忙，真辛苦！

趁热打铁，我又布置了下一个作业——挣10元钱！这个作业刚布置完，立时引来"哀叹声"一片。面对着一张张愁容满面的苦瓜脸，我毫不心软："动你的脑筋，用你的方式，挣真正属于你的10元钱！"末了，我不忘叮嘱："别忘记，将挣钱的这一过程拍成照片，并用文字记录下来。"这一下，孩子们没辙了。

结果令我大为惊喜。这些孩子为了挣到10元钱，可谓绞尽脑汁。班队活动课上，孩子们争先恐后讲述自己的"挣钱经历"，展示挣钱成果：有的为爸爸洗车，忙活了大半天，好不容易才挣到10元钱；有的帮妈妈干家务，又是买菜，又是洗碗，又是拖地板，忙得不亦乐乎；还有的去大街上摆地摊，兜售自己的旧书籍、旧物件，烈日炎炎，扯着嗓门吆喝，却无人问津；更有孩子一大早去花鸟市场批发鲜花，上街叫卖，却遭人白眼……我不由夸赞孩子们精彩的创意。但对这一次的经历，孩子们却唏嘘不已，不约而同表达了同样的心声：挣钱不容易！

孩子们说，喜欢这样的作业，有趣味、有意思。家长们反映，这样的作业有情、有智、有意义。我也喜欢布置这样的作业：思考、体验、实践；用心、用情、用智慧；随风潜入夜，润物细无声。

7. 家长会，学生唱主角

偶尔从门外闪进来几个晚到的孩子，全班同学也故意调皮地齐声招呼：

"阿姨好！叔叔好！"教室里顿时笑声一片。

这天，六年级的最后一个家长会——我要退居幕后，让出舞台，让孩子们成为家长会的主角；我要让家长们也参与其中，与孩子们互动，共度欢乐时光。

当我把我的意愿和想法说给孩子们听时，孩子们大声叫好。班级里人才济济，能够独当一面的孩子很多，完全不用我费心：确定家长会主题，选拔主持人，准备节目单，编写串联词，排练节目，制作PPT，孩子们欢快地忙碌着。而我，难得享受这样悠闲的时光。孩子们也懂事，说："钱老师，您就放一百个心吧。所有的事情，由我们来搞定！"

6月1日下午一点半，孩子们静静地坐在教室里，笑眯眯地等待着爸爸妈妈的到来。家长们陆续走进教室。"阿姨好！叔叔好！"孩子们真诚懂事，他们从不掩饰内心的热情洋溢。倒是家长们迎着孩子们灿烂的笑容、热切的眼神，面对孩子们的热情显得有些腼腆。

偶尔从门外闪进来几个晚到的孩子，全班同学也故意调皮地齐声招呼："阿姨好！叔叔好！"教室里顿时笑声一片。

真的很喜欢这样的情景，真的很喜欢这样的孩子。天真、单纯、无拘无束、率性自然。

今天的教室就是舞台，今天的舞台属于孩子们，今天的家长会属于孩子们。孩子们按捺不住内心的欢愉，家长们也是翘首等待，激动不已。清幽的音乐声响起，大屏幕上不断闪现着三年来孩子们在校学习、生活的照片。一张张照片，一个个美好的回忆，家长们和孩子们都动容了，眼睛红红的。

小倩和小超落落大方地走上讲台，代表班级向家长表示欢迎并致以谢意。我手握相机，悄悄地站到了一边。我担当着和家长们同样的角色，分享快乐，记录精彩。孩子们完全投入自己的角色之中，一走上"舞台"，他们浑身都散发着光芒，每一个人都是"明星"。看，一群女孩子在小倩的带领下舞动起来了！听，小越和子旖的二胡合奏《赛马》欢快活泼，瞬间就将大家带到了广阔无垠的大草原。还未回过神来,小臻怀抱琵琶走上台,"低眉信手续续弹""大珠小珠落玉盘"……在热烈的掌声中,小超和小灵这一对说相声的最佳拍档上场了。他俩俨然是受过训练的专业演员,一举手一投足,有模有样,有招有势,逗得大家捧腹大笑。尤其是小超,一口气快速流畅一字不差地背完了一段极具难度的绕口令,掌声、惊叹声不绝于耳……

在这个名为"童年"的主题活动中,除了孩子们是舞台上的主角,两位可敬的家长也成为了全场瞩目的焦点。学生小郑和他妈妈配合默契,朗诵了诗歌《童年真好》。悠扬的乐曲如小溪的流水涓涓流淌,深情的诵读如叮咚的山泉澄澈了在场每一个人的心。

我的同事浦老师与他的女儿小琳合唱了一首歌《童年》。为了完美演绎这个节目,浦老师煞费苦心。他特地化了很夸张的妆容,戴着女儿小时候戴过的眼镜,头上套了一个粉红色头箍,脖子上挂着一个布娃娃,用无锡方言唱着跑了调的《童年》。夸张的装扮,滑稽的表演,逗得家长和孩子们哈哈大笑。节目结束,大家不约而同站起身来,用最为热烈的掌声向浦老师表达诚挚的敬意和谢意。

当屏幕上滚动播放着孩子们与爸爸妈妈的亲密合影时,教室里掌声雷动。孩子们纷纷起立,走到教室中央,跟着音乐的节拍载歌载舞。家长们也坐不住了,站起身来加入孩子们的行列之中,与孩子们进行热烈的互动,教室里的气氛达到了高潮。

唱着,跳着,舞着,几个孩子不由分说,一把将正在拍摄照片的我拉入了人群中央。迎着整齐而热烈的掌声,对着我热爱的孩子,对着我敬爱的家长,我深深地,深深地,鞠躬,再鞠躬……

掌声再一次响亮地、热烈地、长时间地响起……

8. 诗意地栖居

苏霍姆林斯基在《教育的艺术》中说:"我一千次地确信,没有一条富有诗意的感情和美的清泉,就不可能有学生全面智力的发展。"

"人,诗意地栖居在大地上。"德国诗人荷尔德林的这句话,总是给人以无限的遐想,引领着人们追寻真实的生命状态,追寻优雅自由的生命理想,也引领着我赋予班级管理、教育生活更多的诗意元素。

(1) **班歌:心灵的家园**

"因为我们是一家人,相亲相爱的一家人,有缘才能相聚,有心才会珍惜,何必让满天乌云遮住眼睛;因为我们是一家人,相亲相爱的一家人,有福就该同享,有难必然同当,用相知相守换地久天长。"从《相亲相爱》这首歌开始,我带领学生走进了情感世界。我知道,孩子们会从歌声中领悟我的良苦用心;我也相信,《相亲相爱》会让我和孩子们心灵相通、亲密无间。

班歌《相亲相爱》营造了"家"的氛围,它让学生有了一种责任感和使命感,它让学生融入了集体之中。走进教室,在每一节课的间隙,随时随地,都能听到《相亲相爱》动听的旋律从孩子们口中传出。

一家人,我是家长,但我不是"一家之主",我也不说"一家之言"。在这个家里,平等、宽容、和谐是永恒的主题。班歌《相亲相爱》让大家懂得了"当别人快乐时,好像是自己获得幸福一样;当别人受伤时,我愿意敞开最真的怀抱;当别人需要时,我一定卷起袖子帮助他。""你有困难吗?我来帮助你!""不用谢,我们是一家人嘛!""祝贺你,你是我们全家人的骄傲"……这样的话几乎成了我和孩子们的口头禅。

班歌《相亲相爱》像传递情感的纽带,紧紧维系着我们一家人之间的情感。忘不了拔河比赛开始前,孩子们大声地唱着班歌《相亲相爱》,意气风发地走上场;忘不了圣诞节我和孩子们一起过平安夜,在摇曳的烛光下,孩子们深情地唱:"我喜欢一回家,就有暖洋洋的灯光在等待;我喜欢一起床,就看到大家微笑的脸庞……"忘不了在学校举办的"校园艺术节"卡拉OK演唱赛中,我班十名选手无一例外地都演唱了班歌《相亲相爱》,一时间,这首歌在校园里广为传唱;忘不了"五一"长假期间,我给孩子们打电话问候,有家长告诉我,孩子在家中教父母唱我们的班歌《相亲相爱》;更忘不了毕业考试前夕,孩子们用班歌《相亲相爱》来激励自己:"我喜欢一出门,就为了家人和自己的理想打拼;我喜欢一家人心朝着同一个方向眺望……"

最后分别的那一天终于来到,孩子们手挽手,随着《相亲相爱》的音乐节奏晃动着,一遍又一遍,唱得那么深情,那么投入。我发现,很多孩子顾不得擦去脸上挂着的泪珠,唱得泣不成声。那一刻,我的眼睛不由地湿润了。《相亲相爱》仅仅是一首歌,可是在孩子们心中它只是一首歌吗?我相信,这首歌教会了孩子们很多很多;我也相信,当岁月渐渐老去,当记忆慢慢消散,《相亲相爱》的歌声仍会绵远悠长地唱响在孩子们的心田。也许某一天,孩子们不经意间只是随口哼起几句,与歌声同时回想起的,将是心灵深处一段温暖的岁月和温暖的记忆……

(2)阅读:精神的相遇

喜欢给孩子们朗读。读温馨暖人的故事,读温婉简约的美文,读我自己尚显稚嫩的作品。孩子们说,听老师朗读可以让人心情舒畅,脑子里像放电影一样时不时蹦出一些画面,是一种美的享受。也常常是孩子们专注的眼神和迫切的要求,点燃我朗读的热情。孩子们那种专注,那种冥想,让我觉得满足。很安宁,我们共创的诗意的阅读世界;很和谐,师生共同在涌动着激情的语言文字中传递生命的信息。我喜欢这样的教育,用声音和语言过滤生活中的喧嚣和杂质,教会学生追求生命与爱的芬芳,体会广博无私的人文情怀、纯正善良的体贴之心。

记得我读过一篇文章《握住母亲的脚》，文章讲的是一位名牌大学的毕业生去一家颇具实力的大公司应聘，主考官只对这位才华横溢的大学生提了一个问题："你抱过你母亲的脚吗？"大学生被主考官问住了，他不明白主考官的用意。于是，主考官请他明天再来，不过有个条件，必须抱抱母亲的脚。当这位大学生按主考官的要求，回家第一次为母亲洗脚，赫然发现母亲已显衰老的脚竟然像木棒一样坚硬时，他顿时潸然泪下，紧紧地将母亲的脚拥在怀里，久久不肯松开……听到这里，很多孩子落泪了，教室里静悄悄的。

我知道这个故事对于出生在富裕家庭衣食无忧，对于父母养育他们的辛劳毫无知觉的他们，是一种深深的触动。我相信孩子们都能从中领会到些什么。果然，在以后陆陆续续地与家长交流时，家长们一致反映，孩子回家懂事了，知道体贴父母了，会帮着干家务，也会给家长倒茶递水、嘘寒问暖了，有些甚至还学着文中那位大学生的样子，硬要帮父母洗脚，弄得家长一头雾水，差点闹出了笑话。但父母看到了孩子的变化，确实打心眼里感到欣慰。

阅读就如润物细无声的小雨，丝丝缕缕地流淌在孩子们的心田。我相信总会有种子发芽长叶、含苞吐蕾、清香四溢的那一天。

（3）日记：**生命的对话**

教育是一种艺术，怎样才能将教育工作做得细致入微，做得富有诗情画意；怎样才能使教育自然、平静、和谐，如和风细雨般浸润学生的心田，作用于学生的心灵；怎样才能使这种循循善诱与潜移默化的心灵交流过程富有深远的意义？我一直在思考，一直在通过各种途径和学生沟通，试图走进学生的心里。

偶然的一次，我和一个孩子通了一次信，她把这封信像宝贝似的珍藏着。她说，她每天都要把这封信读好几遍，读着信，就仿佛是老师在身边一样。这个"偶然"让我大为惊喜，于是，我决定给全班每一位同学写一封信。三十八封信，每一封信我都写得十分小心，花了许多时间去回忆、去思考，每一封信都融入了我对学生的爱意、鼓励、期望和信任。发信的日子到了，那一天简直像过节一样，孩子们焦急的目光追逐着我，孩子们收到信后迫不及待地读了起来，我看到了孩子们满脸洋溢的幸福与满足……

"有话则长，无话则短，率性而写，贵在真诚。"于是，在纸上谈心交流成了我和孩子们的习惯和共同的期待。《班级日记——面对面》使孩子们真情流露，畅所欲言，促使他们剖析、自省，辨是非、明事理，实现自我成长。《班级日记——面对面》展示了一个个丰富多彩的内心世界，孩子们把他们的烦恼、欢乐，把他们对班级的感情、对同学的友谊、对老师的挚爱倾注于笔端。

《刺眼的"B"》《真不公平》《老师流泪了》《我们胜利了》《悄悄话》《班主任不在的日子》《我们喜欢这样的老师》《喜报》《我爱我家》……一页页翻过去，一本本看过去，我的心随着那些文字起起落落。我用心感受着他们的忧愁和悲伤，分享着他们的幸福和快乐，意识到每个孩子都是一个独特的完整世界，都需要充分地去挖掘、去了解、去欣赏。我被孩子们的真诚深深地感动着。每次读完孩子们的日记，我都会迫不及待地把我的这份喜欢和感动，用真诚恳切的文字传达给他们，让他们感受我同样的爱意、期许和鼓励。

孩子们满怀喜悦地读信，极其认真地写信，文字在纸页间散发着淡淡的香。在和谐的对话中，在分享的思考中，在交流情感中，孩子们在变化，班级在进步，我和孩子们达到了心灵的共鸣，思维的共振，那种感觉美妙极了。

还记得我外出听课的那段日子里，孩子们在日记中写道："钱老师，当你不在的时候，我就像是一个人度过一个既漫长又寒冷的夜晚。没有你鼓励的微笑，没有你熟悉的身影，我觉得生活中少了一点什么……""钱老师，你知道吗？晚上，我一闭上眼睛就看见你那微笑的脸庞。在你不在的几天里，我觉得心里空荡荡的，时间过得很慢很慢。问世间情为何物，直叫人思念，思念……"真挚的话语，炽热的情感，让我觉得能够成为一个老师，能够与孩子们在阳光下从容地行走是一件多么幸运而又幸福的事！

教育是一首诗，一首谱写在春天里的诗，一首从心底涓涓流淌的诗，一首与爱永恒相联的诗。有了诗意，教育便更多地富于灵性，充满活力，富有亲和力；有了诗意，教育就洋溢着激情，饱含着满腔热情，就有了"知、情、意"与"真、善、美"的巧妙融合。那么，行走在诗情画意之中的我们，便也有了诗的境界和诗一般的生活。

9. 用微笑照亮童心

有人说微笑只是一个表情。我想，微笑应该是一种魅力、一种风度、一种涵养，它具有热情和友善、接纳和体贴，它具有宽容和豁达、轻松和乐观。

我喜欢和孩子在日记本上沟通、交流。因着日记，我和孩子们成了亲密无间、无话不谈的朋友。每次阅读日记的时候，我的内心总是充满着一种无法言说的快乐，让我沉醉其间的不仅仅是体验那种融入情感、收获信任的美好感觉，更多是因为我能从孩子们纯真稚嫩的笔触中更好地阅读我自己。因此，我病愈返校后的第一件事就是迫不及待地批阅孩子们的日记本。

"钱老师不在，我们想念她；钱老师不在，生活也过得不充实；现在钱老师来了，我们开心又快乐。"

"钱老师，这两天您没来给我们上课，同学们都在找您，下课的时候没有一个同学不在念着您。"

"钱老师，你知道吗？当你不在我们身边时，我觉得空气中好像缺少了什么似的，你就是我们的精神支柱。"

……

一本本看过去，一页页翻过去，幸福和甜蜜溢满了我的心。忽然，有一本日记引起了我的注意："钱老师，你不在的时候，是顾校长（江苏省著名特级教师顾美云）来给我们上的语文课。于是，我就发现了你的一个小缺点，那就是上课时，顾校长始终是微笑着的，让人感到很亲切；而你却很少笑，让人感到有些'冷'。钱老师，你可别小看这一笑。笑，能缩短人与人之间的距离；不笑，使你拒人于千里之外。另外，笑可以让人心情舒畅，使你的一天充满蓬勃之气。钱老师，笑一笑吧！"

孩子的措辞很委婉，然而，读着孩子发自内心的话语，我的心里涌起了一份愧疚：我曾用心观察过孩子吗？我曾用心走进孩子的心灵深处吗？我真的了解孩子的内心需求吗？面对着一篇篇情感真挚的文章，面对着一颗颗敏感而丰富的心灵，我汗颜，我没有！

在不经意间，我辜负了他们真挚的情谊。孩子是多么质朴纯真，他们的要求不高，只是希望老师对她微笑。一个会心的微笑，就能赢得多么稚气率真的童心，就能在孩子幼小的心里留下爱的种子，孩子是多么易于满足！而我，却是那么的吝啬苛刻……我平时对孩子严厉，忽视了孩子内心的希冀与渴望。一直以来，我总是认为自己这个老师当得很是得体，孩子对我敬爱有加。殊不知，我在行为上表现出来的却是：课间可以和孩子成为无所顾忌、无话不谈的朋友，可在教学中，我却保持着不苟言笑的教风。因为我认为课堂是个严肃的地方，笑容应该属于课后。所以课上的我神情庄重、一脸严肃，保持着师道尊严。孩子稍有分神，我便会毫不留情地严厉指正；孩子偶因调皮违纪，我就按捺不住失态。在以往的课堂上，有多少活泼的童心在我的威严中收敛？又有多少孩子的自信勇气在我的威严中失落呀！

教育是充满生机的过程，是师生之间心灵的相遇和对话。可是，课堂上若没有教师饱含真情的问候，若没有教师春风化雨般的微笑，哪来师生的牵手和心灵的交融？哪来教育的期待与收获呢？

感谢孩子的日记让我能够如此透彻地反思自己的失败，我也终于明白，顾校长身上为什么总像有一股无形的力量，能把所有孩子的目光和注意力都吸引到她身上；我也终于明白，孩子们为什么会情不自禁深情地脱口喊出"顾奶奶"！落落大方的举止，和蔼可亲的微笑，娓娓动听的话语，这就是一个老师的人格魅力呀！

"一个老师站到讲台前，用四个字来形容的话，她应该是光彩照人的！"顾校长亲切的话语又一次在我耳边响起。是的，一个"光彩照人"的老师，应该用微笑去照亮孩子，用细语去打动孩子……

铃声响了，又是一节语文课，我起身快步走向教室。当我面带微笑站在讲台前，我看到了一双双欣喜的眼睛。我把目光投向了燕子——那个写日记的女孩子身上。我面对她轻轻地一颔首，她领悟了，与我会心地一笑。

这一节课，我始终恰到好处地微笑着。请孩子回答问题时，我投以信任的一笑；孩子正确地回答了问题时，我报以赞许的一笑；在孩子回答不出问题时，我给以宽容的一笑。课堂中，我不再刻意要求孩子们整堂课都必须正襟危坐、循规蹈矩，而是把真诚自然的语言带入课堂，把甜蜜温柔的笑容融入课堂。课堂上自始至终洋溢着一种愉悦、融洽、平和、宽松的教学氛围，孩子们比任何时候都学得轻松愉快、积极主动。

下课了，孩子们围了过来，"老师，你笑起来真好看！""老师，我喜欢看你笑！"一个微笑仅有几秒，留下的回忆却如此美好。听着孩子们天真的话语，我感到惭愧……

微笑是什么？有人说微笑只是一个表情。我想，微笑应该是一种魅力、一种风度、一种涵养，它具有热情和友善、接纳和体贴，它具有宽容和豁达、轻松和乐观。微笑，是教师最美丽的语言；微笑，是教师给予孩子的最珍贵的礼物！

10. 柔弱的力量

不经意间流露出的失望、沮丧、诚恳、真实，以另一种力量震撼了四十个孩子的心。

这天第一节是英语课。刚下课，英语老师就气冲冲地找到我，向我数落了孩子们的一系列"恶行"。我心急火燎，立即赶去班中进行"整顿"。

然而，气息未定，第二节科学课才上到一半，科学老师就急匆匆地差遣班长"传讯"我，要我速去"救场"。

站在讲台前，望着学生们那副不以为然的神情，我失望、沮丧、生气，所有积压在心中的委屈、辛酸和苦涩涌上了心头。我的孩子们，为了你们，我每天披着朝露踩着星辉步履匆匆；为了你们，我绞尽脑汁倾尽心力；为了你们，我经常一夜无眠；为了你们，我经常放弃自己的休息日。难道，我的用心良苦、我的倾心付出，你们就一点都感觉不到、体会不到？

所有的话堵塞在喉咙口，想说却不知从何说起。我只觉得自己那么累，那么无助，心在隐隐作痛。好久，我才沙哑着嗓子艰难地开了口："对不起，孩子们，是我没教好你们。"我的泪水潸然而下。我默默地低垂着头，使劲地吸着鼻子拼命抑制，却怎么也止不住，泪水在我脸上恣意流淌……

一只小手怯生生地伸了过来，小小的手掌上托着几片柔软的纸巾。孩子不说话，只是很安静、很乖巧地将纸巾递到我手中。只望一眼，我的眼泪便又忍不住了。当我努力擦干眼泪，振作精神，抬起头来时，我发现，所有的孩子都屏息端坐着，泪水正悄悄地滑过他们稚气的脸庞。教室里异样的寂静，空气也仿佛在这一刻凝固。看着孩子们面颊上闪动的晶莹的泪珠，看着他们凝望着我的红肿的眼睛和满面的愧色，我的眼泪又下来了。

"钱老师，我们会用实际行动来弥补我们的过错！老师，请您别哭！""小调皮"骏骏第一个站起来。

"同学们，快醒醒吧！再也不要让眼泪从老师的脸上滑落了，让钱老师送我们一个永远灿烂的笑容吧！"懂事的小森抹着眼泪号召同学们。

"钱老师，您对我们的关爱，您为我们的付出，我们都铭记在心。我们一定不会辜负您对我们的爱与希望！"班长燕子走上了讲台。她的手中，捧着不知何时孩子们悄悄传递给她的一包包纸巾。

……

不经意间流露出的失望、沮丧、诚恳、真实，以另一种力量震撼了四十个孩子的心。

11. 孩子，你为什么不生气？

敢于表达自己的"生气"是需要勇气的！我为我的孩子们喝彩！

这天，我走进教室上课，看到教室门口飘着一张纸。

我刚想弯腰去捡，略一迟疑，伸出去的手还是缩了回来。哎，多少次了，走进教室，捡起随意丢弃的一张纸，拾起一个滚落的牛奶盒，整理一沓放乱的本子，仿佛成为我一个人的事情。孩子们看在眼里，好像无动于衷，没有感触，更没有行动。

我没有捡起那张废纸，而是站在讲台前，不动声色地看着一个个走进教室的孩子。孩子们陆陆续续地走进来，跨过那张纸，甚至踩在了纸上，神情很淡然，也很坦然，竟然没有一个孩子想到要弯腰将废纸捡起来。

我心中一阵失望："教室门口丢了一张纸，很多同学看到了，却没有想到要将它捡起来。这是为什么？"

孩子们不吭声，似乎明白自己做错了。

"老师只是想听听你们怎么想的，但说无妨。"

陆陆续续有孩子举起了手。

"不是我扔的，我觉得跟我没有关系。"

"谁乱扔的垃圾，我觉得就应该请他自己去捡起来。"

"我想，我不捡，自然有人会去捡起来的吧。"

"就一张纸嘛，也不影响什么，我觉得不是很严重的事情。"

孩子们回答我的话语时显得有些漫不经心。

童言无忌，他们倒也坦白。我叹息：这就是孩子心里真实的想法啊。正是出于这样的想法，他们面对飘落地面的一张纸可以做到视而不见。

那么，这些话语和行为的背后是什么呢？自私、冷漠、事不关己高高挂起？

为什么没有孩子看到地上的纸屑会很生气地质问：是谁这么没有公德心，乱丢垃圾？为什么没有孩子出来制止：乱丢垃圾，是可耻的！为什么没有孩子主动自觉地弯弯腰将垃圾捡起？

我想到了龙应台的文章《中国人，你为什么不生气》。应该对孩子们讲讲"生气"与"不生气"！

我说："今天我一走进教室，就看到地上有一张纸，我很生气。因为，这样的情形发生过很多次了。每次看到地上有纸屑，我都会弯腰去捡；每次看到你们堆放在讲台上的散乱的本子，我都会一一整理好；每次发现你们的课桌椅歪歪扭扭，我总会排整齐……诸如此类的事情，我可以列举很多。但我想说，我不能每次都帮你们这样做，而你们却视而不见，甚至麻木不仁。我很生气！"

听了我的一番话，教室里一片静默。他们很少看到我生气，我真的生气了。

我再问："看到地上的纸屑，孩子们，你们生气吗？"

孩子们惊讶于我问这样的问题，端坐着，看着我一言不发。

应该让孩子们读读《中国人，你为什么不生气》！

我迅速在网上搜索，找到《中国人，你为什么不生气》这篇文章。

文章并不深奥，孩子们都能读懂。虽然这篇文章是龙应台二十年前写的，却仿佛写在当下。虽然龙应台批评的是中国台湾的社会现象，但文中所列举的很多陋习，同样在我们身边存在着。

"自习课随意讲话说笑，没有人生气；排队时推推搡搡、大声喧哗，没有人生气；卫生角劳动工具横七竖八，纸屑满地，没有人生气。你怎么可以躲在角落里做'沉默的大多数'？你以为你不得罪人，就是好人？就是因为你不生气，所以我们的教室可以随意飘落纸屑，你们的作业本可以随处乱放，点心可以随便浪费，自习课上可以随便讲话影响他人……"

"你的不生气，从某种角度来说，不就是对坏习惯、坏行为的容忍与纵容吗？"

我好像从来没有如此严肃郑重地长篇大论，孩子们似乎有所触动。整节课，教室里安静得很。

我希望他们有所改变。

孩子们没有令我失望。

以后的日子里，我总能有意无意地听到类似这样的话：

"小X，你的课桌下有纸屑，快捡起来！"

"小T，你的课桌里乱糟糟的，能不能整理一下？"

"小M，你把文具当玩具，再不收起来，我没收你的钢笔！"

"小L，请你做完作业再看课外书，听见没有？"

"小Y，自习课请保持安静，不要随便讲话！"

……

孩子们真的很可爱，他们用这样的方式表达着他们的"生气"！

这一天，我读到了一篇日记，大意是说，数学老师在教室墙上贴了两张试卷，那是老师贴出来供同学们学习的示范卷。但一星期下来，两张试卷卷了角，并且有些地方破损了。日记结尾处，他这样写道：那两张试卷，有人注意到它们了吗？没有！它们被无视了，甚至被抛弃了。它们正靠在冷冰冰的墙上，轻轻啜泣……

晨会课上，我将这篇日记读给孩子们听，让他们谈谈感想。

一个孩子说："反映的情况虽然真实，但没有写出处理问题的方法，他将所有的问题都推给了老师来解决。"

另一个孩子说："光发现问题、表达自己的生气还不行，还得寻求解决问题的方法，这样才能传递正能量！"

我问："这样的一件事情，不依赖老师，依靠你们自己的力量能不能解决呢？"

"完全可以，卷角的地方将它压平，破损的地方用双面胶粘贴好，不就行了吗？"孩子们说得很轻松。

我说："是的，既然注意到了这种现象，那为什么不去粘贴修补好呢？传递正能量其实只是举手之劳！"

两节课后，再次走进教室，我发现试卷已经修补好，教室后的"笑脸墙"上卷曲的照片也被一一粘贴好。

学生嘉楠在放学回家的路上，看到小区门口在发放小广告。一张张广告纸从发放小广告人的手中传出，又被行人随手丢弃在地。他一次次弯腰，一次次捡起，但等他一回头，马路上又飘满了广告纸。他再也忍不住心中的怒气，走到一位叔叔的面前，严肃地说："叔叔，请你把刚才扔的广告纸捡起来！"……

国庆假期，学生心怡去北京旅游。在天安门广场上，她看到了这样一幕：一位年轻漂亮的阿姨边走边随意乱丢纸屑。心怡跟在这位阿姨身后，一边帮着捡纸屑，一边严肃地对那位陌生的阿姨说："阿姨，这里是首都北京，请您不要随地乱扔垃圾！"……

敢于表达自己的"生气"是需要勇气的！我为我的孩子们喝彩！

第六章
正趋势：朝向美好的教育

教育给了我缤纷的土壤，孩子给了我丰富的养料，我是一个辛勤播种和甜蜜收获的人。我承认，在教育这条路上，我是一个纯粹的享受者，我始终快乐幸福地扑腾着。

——行走在教育中，就是生活在美好中。走进学校，走进教室，最美好的感受就是生命的萌芽。生命朝向美好，教师的责任和使命，就是呈现美好、唤醒美好、书写美好、朝向美好。那么，教育就能成人之美，学生就能各成其美。

1. 放心去飞

我一个名字一个名字轻轻地喊过去。那些早已烂熟于心的名字,此刻喊起来有种难以割舍的味道,惆怅在心里弥漫、升腾。

6月28日,孩子们回校参加毕业典礼。毕业典礼过后,回到教室,孩子们异常安静。我的眼睛望向他们,发现他们似乎又懂事乖巧了很多。

孩子们不说话,只是一眨不眨地看着我,但亮晶晶的眼睛里分明有太多的话想说。我读懂了,他们在告诉我:钱老师,我们舍不得您,我们离不开您!我的心一热,眼泪差点掉下来。我赶忙低下头,强忍着眼泪。

平息了内心的波澜,我轻轻呼出一口气,开始发我们的"全家福"。照片是"六一"儿童节的时候照的。照片上孩子们神采飞扬。孩子们拿着照片,细细端详,若有所思,仿佛在感受回味。美好的时光啊,就像针尖上的一滴水,"叮咚"一声滑落了,但水滴的晶莹依然在阳光下熠熠生辉。

"要分别了,你们最后一次整整齐齐地坐在钱老师面前,让我再轻轻地喊一声你们的名字吧。"我说。

"好。"孩子们的回答轻轻的。

"凯悦。"凯悦第一个站起来,她垂着头,轻轻地"嗯"了一声,便飞快地坐下了。她始终没有抬头看我。

"震洋。"听到我的招呼,这个平日里始终笑容灿烂的孩子冲着我微微一笑,那笑容忽然拘谨起来。

"云超。"

"我最爱的钱老师……"云超想说什么,忽然语塞了,欲言又止,他的眼神里有种别样的味道。

我一个名字一个名字轻轻地喊过去。那些早已烂熟于心的名字,此刻喊起来有种难以割舍的味道，惆怅在心里弥漫、升腾。看着眼前一张张熟悉得不能再熟悉的脸庞，看着一个个熟悉得不能再熟悉的身影站起来又坐下。

"纪超。"我清了清嗓子喊道。"钱老师，我爱您！"纪超猛地一声大喊。我微笑着点点头。

"子阳。"我将目光投向了最后一排。

"臣在！"子阳还是像开学时一样，学着古代大臣行礼的样子，恭恭敬敬地朝我深深鞠躬行礼。记得开学时，大家都被子阳的创意回应逗得笑弯了腰。但此时，教室静静的，没有笑声。

"珂晴！"我望向这个恬静的小女孩时，她明亮的大眼睛里噙满了泪水。

"Miss 钱，你永远在我心里！"小女孩的泪水终于滴落。我不忍再看她，赶忙移开视线。

……

讲台上，放着满满的一罐花花绿绿的棒棒糖。这是孩子们最爱的棒棒糖。我跑了好几家超市才买到。此刻，它们就代表了我的心意：毕业是进步，是成长，是飞翔；是庆祝，是喝彩，是欢呼，是蜜一样的甜。

终于还是走到这一天，要奔向各自的世界。
没人能取代记忆中的你，和那段青春岁月。
一路我们曾携手并肩，用汗和泪写下永远，
拿欢笑荣耀换一句誓言，夜夜在梦里相约。
放心去飞，勇敢地去追，追一切我们未完成的梦；
放心去飞，勇敢地挥别，说好了这一次不掉眼泪……

小虎队的歌声好像诉说了我们所有的心事和心声。

孩子们一个接着一个，排着整齐的队伍，拿棒棒糖。仿佛是无声的约定，他们依然真诚地对我说谢谢，依然在转身的时刻，深情地对我说："钱老师，抱抱！"我张开了双臂，孩子们像小鸟投林般，一个个投入我的怀抱。三年来，我和孩子们已习惯于这样的表达。深情地拥抱着，静静地，什么话都不用说，什么都明了。

我抬手看了看表，是放学离校的时间了。

"孩子们，放学了！"我说。

全班孩子仿佛没有听见似的，坐在座位上一动不动。

"孩子们，放学了！"我提高了嗓门，又说。

孩子们依然坐着不动，仿佛还在等待着什么。

我看过去，有些孩子的脸上已经有泪花闪烁了。

"孩子们，放学了！"我再次提高了嗓门。

"哦。"他们仿佛回过神来，教室里声音嘈杂，人影错动。

我不敢去看他们流泪的眼。因为，我的眼泪止不住地掉了下来。我仿佛顿悟：教育还有另外一个名字，它叫"幸福"。幸福，是一口深泉，泉流无声。

2. 美美的绰号

有时我干脆喊他"余大圣""大圣"。起先，他有些害羞，怪不好意思的。慢慢地，喊他的人多了，他挺得意，满脸都是笑容。

余天齐，小平头，大脸蛋，小眼睛，鼻梁上架着一副眼镜，一笑起来，脸颊边露出两个可爱的小酒窝。

同学们都说，看着余天齐长得斯斯文文的，其实可凶着呢。这不，又有一个同学被他欺负了。我将余天齐找了来。他有些局促不安。

"余天齐，你爸爸妈妈给你取这个名是什么意思呢？"

他抬起小眼睛看看我，很坦白："不知道。"

"余天齐，欲与天公试比高，小朋友，你是齐天大圣孙悟空哎！"我摸着他的小脑袋，笑起来。他傻傻地看着我。

"齐天大圣，多威武呀！小朋友，以后我就喊你'齐天大圣'，好不好？""好啊！"他很开心。

回到班上，我很正式地宣布：帮余天齐同学取了个外号，叫作"齐天大圣"。齐天大圣，那是多了不起的人物啊！孩子们惊叹，余天齐偷着乐。

自此，不管是课上指名他回答问题，还是课后遇见他，我总是笑眯眯地喊上一声：齐天大圣。我一喊，孩子们也都跟着喊。有时我干脆喊他"余大圣""大圣"。起先，他有些害羞，怪不好意思的。慢慢地，喊他的人多了，他挺得意，满脸都是笑容。以前一直紧绷着的一张脸消失了。我很高兴。

这一天，遇见余天齐，我照例笑嘻嘻地喊了他一声"大圣"。我说："小朋友，你喜欢'齐天大圣'这个外号吗？"他笑得小眼睛眯成一条缝，小鸡啄米般连连点头。

搭着他的肩膀，我开起了玩笑："小朋友，是不是你爸爸妈妈给你取名字的时候，都没有想到你的名字里含有'齐天大圣'孙悟空之意呢？"

他傻傻地看着我说："是啊！"

见他那可爱样，我笑了，再逗他："那你说钱老师是不是很聪明？"

他笑眯眯地，一个劲儿地点头。

我拍着他的肩膀说："齐天大圣可是家喻户晓的英雄人物，记着好好表现哦！"

他听懂了。自习课上的他不再"大闹天宫"，散漫的行为收敛了很多。但他动不动就发怒、欺负同学的现象还是时有发生。有一次，为了一丁点儿的小事，他又将同学的手背抓破了。

我十分生气，很严肃地告诉他："你表现好，钱老师喜欢你，喊你'齐天大圣'，但如果你恃宠成骄，欺负同学，那你就配不上'齐天大圣'的称号。如果你对同学的态度依然那么不友好，还要惹是生非，那老师只能收回'齐天大圣'的封号，将你降级为'弼马温'，回花果山面壁思过（意为将寄宿生罚走读的惩罚方式）。不过，老师对你有信心，我相信你能成为我们心目中那个是非分明、有胆有识的齐天大圣!"

后来,他用行动给出了答案。课堂上,他踊跃发言,成为同桌的好榜样;课余时间,他与同学切磋棋艺,其乐融融;宿舍内,他一反常态变得十分勤快。在同学面前他再也不乱发脾气了。好几次,我在一旁看着,以为他会动怒,岂料他却微微一笑,并不计较。他的变化之大令我惊讶。

一笑起来脸颊边露出两个小酒窝的"余天齐",就这样成为受同学们喜爱的"齐天大圣"。这一天,看到他走在我前面,我突发奇想,喊住了他。我笑眯眯地对他说:"大圣,我们来勾肩搭背吧!"一听这话,他笑得小眼睛眯成一条线,嘴巴都合不拢了。众目睽睽之下,我搭着他的肩,他勾住我的背,晃晃悠悠地走进了教室。

他将此事写进了作文里。在文中,他还写道:

钱老师,两年来,您悉心地培养呵护我,我能成为今天的"齐天大圣",都是您的功劳。以前的我内心脆弱,沉默寡言,与同学的关系也很冷淡。遇到您之后,我的世界改变了,仿佛从冷酷无情的冰天雪地,转眼到了温暖的太阳照耀下的世界,我变得乐观开朗起来,跟老师同学成为了朋友。

钱老师,您很有爱心,也很有童心,您是我见过的最与众不同的老师,您让我的生活变得丰富多彩,谢谢您!

读到这样的文章,我内心的欣慰可想而知。我跑去问他:"大圣,以前的你沉默寡言,内心很脆弱吗?我怎么没看出来?"

他歪着个小脑袋,很认真地说:"对啊!"

我摸着他的小脑袋:"那钱老师真是功劳大大的哦,当然,你的努力也是大大的哦!加油,大圣!"那一刻,他笑得很灿烂。

学校举行棋类比赛,作为班级的"种子选手",大圣一马当先。他过五关斩六将,一路冲到了决赛。他写了这样一篇日记——为班而战:

前几次的比赛，我轻松应战，顺利晋级。今天，我遇到了老对手——五（1）班的头号猛将。不知为什么，我心里有些紧张。一紧张，便走错了一步棋。唉，我懊恼极了，甚至想打退堂鼓。但我转念一想，堂堂七尺男儿，碰到一点困难就临阵退缩，算什么英雄好汉？班荣我荣，我荣班荣，为了钱老师，为了班级，我拼了！

读完他的日记，我在文后写下这么几句话：

大圣，好样的！不愧是五（5）班和钱老师的大圣！热烈拥抱你！亲亲！

大圣的日记本被挨个儿传阅，他开心极了。最终，大圣获得了学校象棋比赛的第一名。

作文课上，根据剪纸想象故事。他写的文章是《一对好朋友》：

余天齐和钱碧玉是一对好朋友，他们俩策划着一起去旅行。他们找到一头牛，准备骑着牛一路赏景一路游玩。余天齐是一个乡下孩子，一下就爬上了牛背；而钱碧玉呢，是从大城市来的，她怎么也爬不上去。余天齐看得着急，就想方设法帮助钱碧玉爬上牛背……最后，在余天齐的帮助下，钱碧玉终于爬上了牛背。余天齐非常开心，他用鞭子一抽牛屁股，"哞"的一声，牛跑动起来，两个好朋友高高兴兴地出发了……

读罢文章，我哈哈大笑。

3. 亲亲地，亲亲地唤你的名字

喊得亲切，喊出爱意，那就不是"外号""绰号"了，而是"爱称""昵称"，说明大家都喜欢你哦！

同事伟伟有一回对我说："钱老师，你知道我是怎么认识你的吗？"我很奇怪她问这样的问题。她微微一笑，说："有一回你在微格教室上公开课，我在办公室里观看同步的视频录像直播，发现你在喊学生名字的时候，从不连名带姓一起喊，而是只喊学生的名，我觉得好亲切哦。我一下子就喜欢上你了。"

听了伟伟的话，我很是感动。感动于她听课的细心，不仅关注课堂的教学；感叹这样的一个小细节，竟然给她留下了如此美好的印象。

我相信，我的学生亦如伟伟那般，为了这个简单的理由而喜欢着我。

记得有一回，我在黑板上写"表扬栏"，表扬作文写得精彩的孩子。让我没有料想到的是，有个名叫陈萌萌的孩子竟以此写了一篇文章，表达了自己内心的激动：

钱老师不仅在全班同学的面前表扬我，还在黑板上的"表扬栏"中写上了我的名字，不，是很亲热地写上了我的小名——萌萌！我看了，顿时心花怒放，好想冲上去抱住钱老师亲一口……

学生嘉怡是个文静内向的女孩。她妈妈曾经告诉我，嘉怡非常喜欢我，原因是我从不喊她的全名，而是喊她"嘉怡"。嘉怡说："钱老师，我最喜欢您喊我'嘉怡'，您的声音是那么动听，那么温柔，好像一束太阳的光辉照进我的心房，让我感到温暖……"

学生小施说："钱老师，上课前师生问好时，您从来不说'同学们好'，您总是说'孩子们好'，多么自然亲切啊，让我感受到了春风化雨般的情感。"

……

孩子的心如针尖一般，敏感而细腻。一滴晶莹的露珠便足以使他们感受到清凉与甜蜜。

我曾经教过一个男孩子，他的眼睛圆而明亮，睫毛长长的，给人特别萌的感觉。有一回，我跟他开玩笑说："一看见你，我就想起了可爱的'蒙奇奇'，要不以后我就喊你'蒙奇奇'吧？"他一听，很开心地答应了。于是，在我的带动下，孩子们都喊他"蒙奇奇"。性格内向的"蒙奇奇"变得活泼开朗了，有事没事，他总爱往我身边蹭。哪怕是坐在我旁边不说话，静静地看着我批阅作业，对他来说，也是一种享受。

就在时间静静的流淌中，他和我之间的情感也在日益加深。每个节日，他都会送上一份小小的心意。一张卡片、一本信笺、两支红笔、一盒润喉糖，都是他满满的爱意。印象最深的是母亲节，他送了我一本书——《宋词赏析》，也不知道他从何处得知我爱读宋词。这本书一直珍藏在我的书柜里，一打开，就会看到他引以为豪的签名——蒙奇奇。毕业的时候，他送给我一个毛绒玩具——蒙奇奇，他的意思我懂。作为回礼，我送给他一本书——《做最好的自己》。

上了初中，他忙里偷闲，常常跑过来看我。看他跑得气喘吁吁大汗淋漓的模样，我很感动又很心疼。每一回，他都会伸出手臂，说："钱老师，抱抱！"而我，敞开怀抱，深情地拥抱——我的"蒙奇奇"。

曾经有一段时间，教室里"外号"满天飞。孩子们经常因为被取绰号而苦恼，甚至发生争吵。有一次，学生小钱找到我，向我诉苦："钱老师，班级里有些同学给我起绰号，他们说我的头很大，不喊我的名字，直接叫我'大头'，还给我编了一段顺口溜。"

我看看他，发现他的脑袋瓜果然比一般孩子要大一些。我摸摸他的头，笑着说："大头大智慧，头大的孩子都是聪明的孩子，以后钱老师也喊你'大头'，好不好？"

他眨着眼睛疑惑地看着我。我摸着他的脑袋，连声喊他："大头，大头。"他不好意思地笑了。

我问他："小钱，钱老师喊你'大头'，你会不会生气？"

他一听，连连摇头："不会，不会。"

我笑着问他:"为什么呀?"

他马上回答:"因为钱老师喊得亲切!"

接过他的话,我说:"对啊,喊得亲切,喊出爱意,那就不是'外号''绰号'了,而是'爱称''昵称',说明大家都喜欢你哦!"

"大头"的昵称就这样流传开来。孩子们喊他"大头"时,再也不是嘲弄的口吻了。而小钱呢,也欣然接受了他的外号。

还有一个孩子,天性胆小,不善于与人交往。但那段时间,他也被人起了绰号。他苦恼极了,鼓起勇气来向我"诉苦"。他姓管,有几个孩子便给他取了个外号,叫"管子"。一看见他,就"管子长管子短"地拿他取乐,他很不开心。

我听了之后,想了想,说:"这样吧,钱老师喊你'小管子',你看怎么样?"

他一听,连连点头。有意思的是,当他有事情找我,而我不在办公室时,他在留言条上的署名便是——小管子。

最可爱的是我们班的小宁同学,长得胖乎乎、圆滚滚的,甚是招人喜欢。第一次看见他,我就喜欢上了他,很自然地喊他"小胖"。小胖活泼开朗,每回喊他,他总是咧着嘴巴,乐呵呵的。久而久之,孩子们都喜欢上了他,都喜欢喊他"小胖",喜欢去捏捏他肉乎乎的脸蛋,称他为班级里的"开心果"。更令我好笑的是,如果哪一天我对着他直呼其名,不喊"小胖",小家伙还会有意见呢。

就这样,我一下子成为了"取外号"高手。通常,我笑眯眯地喊,孩子们乐呵呵地应,这些在孩子们看来很有意思的外号便在教室里流传开来。更有意思的是,很多孩子一有空便来缠着我,要求我给他们取外号……

4. 我们的黑板会唱歌

这一段师生对话，在黑板上停留了好长一段时间。我和孩子们都舍不得擦去。黑板上书写着的不是硬生生的老师给予学生的知识灌输，而是师生之间情感的涓涓流淌。

这天，我下班经过教室，发现里面乱得不行。课桌上一片狼藉，地上纸屑乱飞，扫把摆得横七竖八。可以想象，刚才这里遭遇了怎样的"劫难"，而孩子们早已去食堂用晚餐了。想了片刻，我拿起粉笔，在黑板上写道：

六（3）班的孩子们：
　　班级是我们共同的家，这样的"家"，你们喜欢吗？

期待你们的钱老师 ☺

第二天早上，孩子们正在操场晨练。我再次经过教室，发现面貌已焕然一新：课桌椅摆放得整整齐齐，地面一尘不染，清洁工具也整理得井井有条……转身看黑板，只见上面写着：

敬爱的钱老师：
　　我们已改正了错误，你能原谅我们吗？

六（3）班全体学生 ☺

我不由得笑了，提笔再写：

可爱的孩子们：

　　知错即改且态度诚恳，外加书写工整，老师心中甜蜜无限！

爱你们的钱老师☺

　　再次走进教室，已是晨读时间了。再次映入眼帘的是：

可爱的钱老师：

　　谢谢你的夸奖。看见你笑，我们也笑了。

爱您的学生们☺

　　我和孩子们彼此心照不宣，几乎同时笑出声来……

　　这一段师生对话，在黑板上停留了好长一段时间。我和孩子们都舍不得擦去。黑板上书写着的不是硬生生的老师给予学生的知识灌输，而是师生之间情感的涓涓流淌。它像一首暖暖的歌，轻轻唱响在我们柔软的心田。

　　体育课上发生了一件很不愉快的事情。临下课，体育老师说了一句话："男生和女生排成两列队伍，哪一列队伍先排好队，下一节课哪一队可以多玩10分钟。"很平常的一句话，却引发了孩子们的"集体大爆发"。为了获得排队冠军，为了争取到下一节课的"玩耍时间"，男生和女生争先恐后，推推搡搡，一片混乱。有人为此吵架，有人因此跌倒，后来，不光男生与女生之间，甚至男生与男生、女生与女生之间也有了"内部矛盾"，互相指责，互相埋怨，一个个满怀怨气。

　　走进教室，孩子们依然不依不饶，继续展开"集体舌战"。女生指责男生"没有男孩子气魄，不是男子汉"，男生指责女孩子"娇滴滴，耍大小姐脾气"，谁也说服不了谁，都想分出一个高低来。当时我正在办公室里批改作业，对这件事情毫不知情，直到几个孩子哭哭啼啼地闯到办公室。了解了事情的原委之后，我将班长喊来，告诉她什么话也别说，就在黑板上写两个字，两个特别大的字：宽容！

当我走进教室的时候，一场纷争已经平息了，教室里一片寂静。面对着黑板上书写得大大的醒目的"宽容"两个字，孩子们的脸上显露出羞愧与不安。

我没有说什么，相信孩子们都理解都懂。这件事就这样无声地过去了，谁也没有再提起。留在黑板上的"宽容"两字，就像一颗小石子，激起波澜之后，便静静地沉在了孩子们的心底。孩子们私底下说，这件事太不堪回首了。

我们的黑板，不再是老师的专利。听，我们的黑板会唱歌，会唱各种各样动听的歌——

友情提醒：明天要交本月的牛奶费了，请大家不要忘记带好校园卡，并及时将卡交到生活委员处。谢谢配合！

温馨提示：天气预报说，最近降温，请同学们适时增添衣服，以防感冒！

温暖祝福：今天是小雨同学的生日，让我们祝她生日快乐！

特别表扬：叶涵同学捡到200元人民币，心怡同学捡到一块手表，两位同学拾金不昧，赞！

榜样示范：本月金牌同伴小组是"蒋铮小组"，蒋铮小组团结合作，共同进步，是我们的榜样！

……

9月10日，迎着黎明的曙光，我走向教室。刚到门口，就被一大群孩子拦住了。孩子们说："钱老师，请等一等，还没准备好呢！"当我再走进教室时，黑板上一行字清晰地映入眼帘：We Love You, Teacher!（我们爱您，老师！）同时泛起的，还有我心里的阵阵感动和温暖。

这行字书写流畅，字体工整，连英语老师都赞不绝口！一节一节的课上完了，谁也舍不得擦去它。我看到，每一位上课的老师都小心翼翼地绕开它，只在这一行字的四周进行板书。一天过去了,这一行字的周围写满了各种各样的板书,仿佛给它镶上了一层层花边,分外独特,也格外美丽。

不知从哪里打听来的消息,孩子们知道了我的生日。那一天,事先毫无察觉的我一走进教室,便被感动了。偌大的黑板上,画满了可爱的小花、闪闪的星星和五彩的气球。中间一行字:祝钱老师生日快乐!落款竟然为:全班小钱。

好有趣可爱的孩子们啊!我的心里唱起了一首暖暖的歌,它是属于我和我的孩子们的。

5. 睡觉,创造美好境界

我微笑着开始背诵——"这小家伙趴在桌上睡着了,他睡得好熟哇!不停地咂嘴,大概在做梦呢!"

户外的阳光真好,斜斜地透过树梢,挤进窗来,教室里亮堂堂的。孩子们静静地翻着书页,读着自己喜欢的文字。阳光不时在他们的身上、脸上、书页间晃动跳跃,一闪一闪,煞是好看。我喜欢这样的时光,与孩子们共读,温暖、宁静、祥和。

我揉揉发涩的眼睛,放下书,托着下巴,静静地注视着眼前这些孩子。他们也是一本本在我面前打开的散发着油墨清香的书啊,是可爱的童话,是优美的散文,是有趣的小说,还有清丽的诗歌。这么一想,我不由地笑了。

我站起身,信步走到孩子们中间。他们一个个屏气凝神,看得入迷了。教室里只有翻动纸页的沙沙声,似桑蚕密密吐丝,似春雨润泽泥土,让我不忍惊扰。

绕过最后一排课桌,我突然看见有个孩子趴在桌上睡着了。他侧着身子,歪着个小脑袋,枕着双臂,还不时发出轻轻的鼾声。

或许是太困了吧，他睡得好熟。我站在他身边那么久，他竟然一点都没有察觉。我弯下腰，轻声叫他的名字，他依然睡得沉沉的。我伸出手，轻轻拍着他的臂膀，呵呵，还是没醒。见此，他的同桌忍不住了，伸手拍他一下，喊了一声："曾成蹊！"哈哈，还是没醒。

这一声喊，惊扰了其他的孩子，他们纷纷回转身，看着正呼呼睡大觉的曾成蹊，眼睛一眨不眨地望着我，看我如何处理这个"胆大包天"的敢在课堂上呼呼睡大觉的家伙。

我想起语文课上刚学习的课文《珍珠鸟》，冯骥才先生笔下的"珍珠鸟"大胆地趴在作者的肩膀上睡着了，眼下这个在课堂上呼呼入睡的孩子不也是一只可爱的小珍珠鸟吗？我笑了，忍不住想逗他一下。于是，我微笑着开始背诵——"这小家伙趴在桌上睡着了，他睡得好熟哇！不停地咂嘴，大概在做梦呢！"

哈哈，这不是课本上要求背诵的冯骥才先生写的文章《珍珠鸟》里的句子吗？孩子们聪明得很，一下便心领神会了。他们默契地配合着我，齐刷刷地接着往下背："看着这可爱的小家伙，我不由自主地发出了一声呼唤——"声音戛然而止。突然，孩子们调皮地齐声高喊："睡觉，不就能创造出美好的境界吗？"哈哈哈，教室里爆发出一阵哄笑，孩子们一个个笑得直不起腰来，我也忍不住开怀大笑起来。这些可爱的孩子，竟然"篡改"了冯骥才先生的原文——"信赖，不就能创造出美好的境界吗？"

曾成蹊终于在笑声中悠然醒来。他揉揉蒙眬的睡眼，不知所措地看着我们，全然不知眼前发生了什么事情。看着他那傻乎乎的样儿，我打趣说："好一只天真可爱的小珍珠鸟啊！"孩子们一听，忍不住又笑开了。曾成蹊呢，也跟着大家一起笑了起来。

6. 一辈子很年轻

我经常会故意考他们:"我们班有多少个同学啊?"孩子们聪明得很,齐刷刷大声回答:"56+1,57个同学!"我很满意,也很得意。

教育是一项永远年轻的事业。因为,和孩子在一起。

和孩子在一起,每一次都是生命的最初相逢。诚如冰心老人所说:"除了宇宙,最可爱的只有孩子。和他说话不必思索,态度不必矜持……"孩子的世界,简单、快乐、自在、率真。一如大地的广阔与干净、宁静与清新。

工作中的我和生活中的我始终保持着同样的心态和情怀。时间的长河,并没有冲刷掉我心中最初的梦想与追求。直到现在,我依然以一颗初阳一般光鲜柔嫩的心灵在生活、在工作。我想,一个人如果能始终怀着一颗天真的孩子般的心面对生活、面对未来,那么她的步履永远优雅、从容、美好,她的心灵永远年轻、芬芳、柔美,她的生命永远充满激情、活力与生机。

(1) 逗你乐

做老师,我始终是孩子们中的一员,怀着一颗赤子之心。我们彼此坦诚,相互尊重,共同分享,共同分担,共同成长。是教学相长的师生,是志同道合的朋友,更是相濡以沫的同伴及家人。开怀时,我们一起乐得直不起腰来;激动时,我们一起振臂呐喊;伤心时,我们一起默默哭泣,流下无声的泪;情到深处,我们也会热烈地拥抱。

当然,我也会生气,偶尔发发小脾气。最常用的一招,就是摆出"三不"姿态——不微笑、不说话、不理他们。这个时候,可把孩子们急坏了。看着他们又是做保证,又是递纸条,又是搬救兵,忙前忙后殷勤讨好,一副用行动体现的乖巧懂事模样,脸上生着气,其实我的心里感动着呢。一个成年人,被一群原本应该被哄的小孩子哄着，多有意思的事儿啊！

我经常会故意考他们："我们班有多少个同学啊？"孩子们聪明得很，齐刷刷大声回答："56+1，57个同学！"我很满意，也很得意。

他们也会说，我们有两个家，一个是我的"家"，一个是大家的"家"；我有两个妈妈，一个是家里的妈妈，一个是学校的钱妈妈。我会亲热地呼他们的小名，当然，他们也可以大大方方地直呼我的大名——钱碧玉。我给孩子们起了好听有趣的外号，比如小胖、大头、齐天大圣、小支子、喵喵、加菲猫、淡定哥……我乐呵呵地喊，他们乐呵呵地应。孩子们说，这不是外号，这是爱称、昵称。自然，他们也会给我起昵称，如钱钱、钱同学、阿碧、QQ糖，但他们更喜欢喊我Q老师。他们觉得这个称呼又萌又可爱。

逗孩子们玩，是一件很有趣的事情。孩子们从来不会嘟嘴生气，反而被我逗得哈哈大笑。

有一回，和班里的两个小胖子并肩走在一块儿。他俩一左一右，像哼哈二将似的，走在我身边。我的手臂各搭着他们俩的一个肩膀，开起了玩笑："咱们来玩脑筋急转弯吧，请听题——两个胖子，打一地名。"

两个孩子不假思索异口同声回答："合肥！"

"恭喜你们，答对了！"我哈哈大笑，他们也哈哈大笑。

班里有一个小男孩耳垂特别大。我就说："生有大耳垂的人福气好好哦，来，让Q老师摸摸你的耳垂，沾沾你的福气。"小家伙可高兴了，歪着小脑袋瓜，喜滋滋地凑了过来。

这下可好，几个孩子都围聚过来了，这个说，Q老师，我脸上肉多，你摸摸我的脸吧；那个说，Q老师，我的肚子圆鼓鼓的，你来摸一下吧；甚至，有孩子说，Q老师，你干脆抱抱我，亲我一下吧。

孩子们也爱逗我乐。小胖经常来我办公室串门，意在看看有没有合他胃口的小零食。这一天，我给了小胖一个小甜饼，他吃得香香的。孩子们说："Q老师，你把小胖养得太好了，看他长得又肥又嫩，多可爱！"还未答话呢，小胖张嘴就说："Q老师，你是'养猪专业户'！"哈哈，差点让我笑喷！

胡田馨小朋友的妈妈刚刚生了个小宝宝，委托我给宝宝取个名字。语文课上，我发动全班孩子给小妹妹取名字。孩子们像老学究一样，一本正经地翻着大辞典，煞有介事地字斟句酌，像模像样研究起了生辰八字，名字取得五花八门，听得我忍俊不禁。除去正儿八经的大名，还有惹人怜爱的小名，如"豆豆""心心""蕊蕊"，等等。缪缪小朋友说："我给小妹妹取名叫胡甜蜜吧，甜甜蜜蜜。"宁久翔小朋友说："我给小妹妹取名叫胡久翔，希望小妹妹像小天使一样，久久飞翔，就像我一样。"教室里哄堂大笑。哈哈，谁都知道宁久翔小朋友是个小胖子，小妹妹若像了他，是怎么都飞不起来的呀！大刘同学站起来说："我看干脆就叫胡碧玉吧，将Q老师的名字赐给她，冰清玉洁，多好！"我差点笑歪了嘴……

有一回，忠椿小朋友对我说："Q老师，你教完我们这个班就退休吧。"我问为什么。他老老实实地直言不讳："我很自私，不想让你去教别的班级。"哈哈，又把我乐坏了……

（2）陪你玩

对于教育，我不懂很多高深的理论，也没有做过多少很专业的研究，只是很本真地凭着一腔热忱，怀着一颗单纯的心跟孩子在一起，对孩子们好，把孩子们教好。就是这样真诚朴素的赤子情怀，让我走进了孩子的世界，在孩童的视野中沉醉。

吃过晚饭，路过底楼大厅，听得小花圃内传来喊声和笑声，是我班的孩子在玩"打野鸭"的游戏。

孩子们三三两两地散开，围成一个圆圈，一个孩子站在圈外，手拿沙包投掷。"嗖"的一声，沙包疾速向另一个孩子飞去，眼看就要正中他的身体了，那孩子灵巧地一闪身躲过，"啪"一下，沙包不偏不倚击中后面的一个孩子。"哎呀！"孩子很夸张地应声倒地。顿时，笑声四起。

投手归位，被击中的孩子出局。"我躲，我躲，我躲躲躲"，随着孩子们的喊声和笑声，新的一轮游戏又开始了。

见有趣，我来了兴致，央求："算我一个？"

本以为我会阻止他们的游戏，见我主动加入，孩子们鼓起掌来："欢迎欢迎，欢迎钱老师加入。"

"哼哼，我做投手，你们一个也跑不掉！"我手拿沙包，摆好姿势，做耀武扬威状。

孩子们可乐着呢。他们知道我是"纸老虎"，一个个有恃无恐，完全不把我放在眼里的模样。特别是小胖，扭动着胖乎乎的腰肢，手舞足蹈起来，那样子够滑稽。这还不算，他的小嘴巴还在不停地嚷嚷着向我示威："Q老师，来啊来啊，目标在你正前方！"我气急败坏："竟敢向我挑衅，看我怎么对付你！"我瞄准后，将沙包用力朝他扔了过去。这小家伙果然厉害，不闪也不躲，啪一下，一把将沙包稳稳地抓在了手里。

"牛！"我冲他竖起了大拇指，不过心里很不服气，总想着扳回一局，给自己留点面子啊。我一脸坏笑，开始点将："小胖，将你的肚子挺起来，不准动，让我瞄准！"一听这话，孩子们都哈哈大笑起来。小胖真是听话，他咧着可爱的笑容，乖乖地将圆滚滚的肚子挺了起来。我不时地逗弄着他，活跃气氛："圆肚子挺高点，再挺高一点！"孩子们早已笑得东倒西歪了。小胖依然咧着他的招牌式的笑容，拍着胸脯："钱老师，来吧，能成为你的靶子，我无比荣幸！"哈哈，多可爱的孩子哇！

我侧着身子，眯起眼睛，瞄准小胖的肚子，很夸张地——射击！哈哈，中了！我欢呼雀跃，孩子们也都欢呼雀跃！

有一个孩子当天就写了日记：

钱老师，今天去小花园玩"打野鸭"游戏的都是班里学习不认真、调皮贪玩的同学，本以为你看见后会很严厉地阻止他们。没想到你不但没有阻拦，反而和他们"同流合污"（这个词用得很有意思，我读着忍不住笑出声来），玩得很开心。我站在教学楼三楼看着你们玩，心里很羡慕。我觉得，这个时候的你，已经不是一个老师了，而是一个和同学们一样大的孩子，一个童心未泯的孩子王。钱老师,我喜欢你!

我知道,这是孩子的心里话。我没有做过调查,学生喜欢什么样的老师,但我知道,学生一定不喜欢高高在上、时时处处摆出老师架子的老师。

我带孩子们去操场放风筝,孩子们可高兴了。看着他们一心一意地组装风筝,齐心协力放飞风筝,我悄悄拍下照片。

大刘一组的"眼镜王蛇"风筝飞得最高,小家伙们快活得直叫唤。按捺不住蠢蠢欲动的心,我加入了他们的行列,拽着"眼镜王蛇"风筝,沿着操场奔跑。风筝越飞越高,手中的麻线越来越短,我开始小心翼翼地往回收线,口中情不自禁地说:"小蛇,小蛇,快跟我回家吧!"孩子们笑了,我也笑了……

学生小顾说:"钱老师,你很幼稚,因为你有着一颗孩子的童心。你和我们一起嬉戏打闹,和我们一起玩丢手绢、放风筝、编花篮的游戏,你还喜欢跟我们开玩笑、讲笑话,给我们讲故事,你是一个天真可爱的老师。

"你的脸上每天都洋溢着笑容。微笑,是能给人以希望、温暖和快乐的东西,也是世界上最有魅力的一样东西。我相信,天天微笑的您一辈子都很年轻。

"在我们眼中,您是个永远都长不大的孩子。您亲切地称呼我们'孩子',那么您就是一个'大孩子'咯!"

……

(3) 童心不老

在学生面前我就像个孩子,生活中的我依然孩子气十足。为此,先生给我起了个很有意思的绰号——丹麦童话。

"丹麦童话",让我永远拥有天真与梦想,永葆青春的活力,永远对生活充满激情,永远用真善美的心灵来看待世间万物。这也让我更容易融入孩子们的世界,赢得孩子们的喜爱。

不管走在哪里，我的身边总是围绕着一群甩也甩不掉的"小尾巴"——我的学生。他们戏称是我的"小跟班""小粉丝"。看他们一个个团团包围着我，赖在我身边，紧拽着我不肯放手，甚至为了抢个靠我身边、离我最近的位置还要你争我夺，我觉得做老师太幸福了。

活动课上，我和孩子们一起跳兔子舞。随着节奏明快的音乐，我们尽情地摇摆，尽情地欢笑。他们将舞步念成口诀：左—左，右—右，前—后，前前前；念着念着，口诀变成了：左—左，右—右，前—后，钱钱钱；左—左，右—右，前—后，钱—老—师……哈哈！

生日那天，有个孩子来找我。他忸怩着摸索了好一会儿，从裤兜里掏出一张皱巴巴的50元人民币，很难为情地对我说："钱老师，我没有给你买生日礼物，就给你压岁钱吧。可是，我没有100元的大钞，只有50元钱……""压岁钱"被我塞回了他的裤兜，但他那憨憨的可爱模样让我禁不住大笑。在孩子眼里，我仿佛更是个孩子……

这一天，我还很意外地收到一个家长送来的生日蛋糕。她说："钱老师，我没有别的意思，这个生日蛋糕是我对您的真诚的祝福。祝您永远拥有一颗童心，永远年轻美丽！"她递给我的，是红红的"18岁"生日蜡烛。

那一刻，我很感动，为这位有心用情的家长；也很感慨，为我不曾遗落的一颗童心。

童心不老。和孩子在一起，一辈子都很年轻。

7. 班委新闻发布会

中队委员们轮流上台，诉说自己的心声。他们就自己在岗位上发现的问题，一一陈述罗列，客观合理地提出自己的建议和可行的办法，希望得到同学们的支持和配合。

新学期开学,经过竞选投票,新的班委会成员确定。怎样使班委更好地行使职责、管理班级?如何使同学们理解、配合、支持班委的工作?我决定召开"班委新闻发布会"。

在热烈的掌声中,中队委员走上讲台,一一就坐。终于可以"一吐为快",孩子们可开心了,一双双小手举得高高的,迫不及待地争着发言。

"小谢同学,你是这一次新当选的班委干部,请问你有什么感想?"第一个孩子站起来问。

大家不约而同地笑了。小记者的提问挺像那么一回事的嘛!

这个问题不难回答,小谢不慌不忙。一席话博得了大家的热烈掌声。

"可是,要做一个名副其实的中队委员,对你来讲好像还有点差距,对此你怎么看?"第二个孩子紧跟着问。这个问题有些尖锐。

小谢的脸腾地红了。虽然场面尴尬,但却是不能回避的问题。小谢倒也落落大方:"我一定会严于律己,拿中队委员的标准来严格要求自己,请大家监督我!"掌声再次响起。

伶牙俐齿的小缪同学举手提问:"作为学校志愿者,我在上岗时,经常看到在座的有些中队委员也在队伍中带头讲话,你们对此有何看法?"

中队委员中无人回应。文娱委员小翔打破沉默:"我会按照《班级公约》来惩罚自己!"

小缪厉害得很:"这个回答我不满意,我需要的不是惩罚!"

教室里一片静默。小缪打破了僵局:"每个班委干部做到以身作则,都管住了自己,这样才是受欢迎的中队委员,才是我们真正的榜样!"

掌声雷动。小缪却说:"作为小记者,我很高兴将中队委员都问倒了,但其实我的心里是很不舒服的。这么多的中队委员,面对我的问题,要么沉默不语,要么做'鸡毛掸子',只管别人,不管自己,我觉得很悲哀。"中队委员们一个个沉默不语,陷入沉思。

这时,小胡举手提问:"假如你的好朋友违反纪律了,恰好又被你发现,你会怎么办?"

"我会毫不犹豫，秉公处理！"中队委员们的回答掷地有声。

"不会包庇？不会隐瞒？"

"不会！"

"可是，他却由此误会你，不理睬你，甚至跟你绝交，那你会觉得后悔吗？"

"不会，我会耐心地向他解释，但如果解释不通，他决意要跟我断交，我也不会后悔我所做的一切，因为我问心无愧！"

"你的回答，我非常满意！"小胡心满意足地坐下了。

第一次有这样畅快淋漓的表达机会，孩子们提的问题越来越多，很中肯，也很有见地。

"今天值日生忘记了擦黑板，作为中队委员，你会视而不见吗？"

"卫生角的垃圾没倒，你会去主动清理吗？"

"同学们都说中队委员爱打小报告，你怎么看？"

……

最后的一个问题，还是那个能说会道的小缪发问："作为中队委员，课堂上的你们很沉默，表现还不如普通同学，对此你们怎么想？你们怎么改变自己？这个问题，我想请那些平时表现很好，但课上发言不积极的中队委员来回答。"

小缪指名道姓要两个中队委员回答，那两个女孩子忸忸怩怩，不知道该如何是好。有个男孩子替她们解了围："她们俩属于性格的问题，不强求，就让她们尽力而为吧。"

小缪应了一声，坐下了。显然，他对这样的回答还不是很满意。他在底下嘀咕："尽力而为？应该是'竭尽全力'吧！"

中队长小玉的总结性发言带给孩子们很大的信心："感谢同学们给我们提出了很多宝贵的建议和意见，我们一定会听取意见，严于律己，以身作则，改正不足，更好地管理班级，服务同学！"话锋一转，她说，"大家可能觉得担任班委干部十分威风，其实我们也有自己的酸甜苦辣，请听一听我们的心声吧！"

生活委员小琳说:"每月收牛奶费是一件苦差事。每次收费,我们都要一催再催,有些同学很不以为然,最后只得动用钱老师来催款,这给我们的工作造成很大的麻烦。"

生活委员小颖说:"有些同学很挑剔,不喜欢吃的点心随便乱扔,浪费现象很严重。点心不吃,就放在点心盒里,由我们统一交给帮我们打扫卫生的阿姨。请大家配合我们的工作!"

两位生活委员的发言得到了孩子们的一致认可。

劳动委员说:"开学之后,教室里的环境卫生有了可喜的变化。但还有两点做得不够,一是小当家不太负责,纸篓的垃圾不能及时清理;二是打扫卫生的同学不够细心,扫地只扫教室中央,边边角角从不打扫。"他们的话打动了大家,"教室是我们的家,卫生靠大家。做小当家和打扫卫生,都是为班级服务,愿大家开开心心地为班级付出。"

纪律委员说:"红领巾是少先队员的标志,穿校服是爱校的表现。但每天都会有同学不穿校服、不戴红领巾、不挂胸卡。希望每个同学都能做到在校时穿好校服、戴好红领巾、挂好胸卡,爱学校、爱班级、爱我们的红领巾。"

学习委员对各门学科的作业情况做出了分析,指出最大的问题在于有些同学在没有完成作业的情况下,心安理得地看课外书;还有一些同学缺乏时间观念,不着急,爱磨蹭,导致作业拖拉。他们的希望是:自律,处理好课内作业与课外书籍的关系;自觉,做时间的小主人,今日事今日毕,养成良好的学习习惯。

……

就这样,中队委员们轮流上台,诉说自己的心声。他们的建议和意见很诚恳也很中肯,台下孩子们静静地听着,若有所思。

新闻发布会在班委干部庄严的宣誓中完美落幕:我要做一个能自律、会管理、有爱心、负责任的中队委员,不辜负老师和同学们的支持与信任,为完美六(5)中队尽我所能。以上誓词请老师和同学们监督!

……

8. 在最美的电影时光里

  一部电影，可以将心灵滋润得如此柔软。很多时候，我们需要一些温情和感动，来提醒我们渐渐蒙尘的善与爱，让心灵适时复苏。

  我喜欢找个时间，与孩子们坐在一起看电影。这样的时光，真的是从心里缓缓流淌过去的，很自然安宁的享受时刻。银幕上的歌声魅影，让我和孩子们情不自禁地放声大笑，令我们不由自主地潸然泪下，更多的时候，是让我们沉静下来，在别人的故事中，探寻自己的内心。

  偌大的教室，拉上窗帘，便是属于我们的电影院。这个时候，教室里安静极了，黑暗中，我屏息凝视，与孩子们一起，等待着一段奇妙旅程的开始……

  第一次与孩子们一起看的电影是《忠犬八公》。这是一部感人至深、催人泪下的电影。小八是一条被主人遗失在站台的小狗，无家可归。教授出差回来遇见它，怜爱地把它抱进怀里，小八从此有了家。冥冥中的相遇是偶然，也是必然。在列车站台旁的街道上，人们早已习惯了每天温情上演的镜头：嬉笑、拥抱、惜别、等待。教授，是小八全部的世界，是它每天唯一的念想。每天早晨，忠诚的小八都会送赶去上班的教授进入列车站口；傍晚又会准时在站台边等待教授下班归来。直到有一天，教授心脏病突发，再也没从站台出口走出来……

  对于小八来说，生与死的距离，它永远无法明白。它只是固执地相信，教授那么爱它，他一定会回来。每当列车疾驰进站时，它依旧会竖起耳朵，直立身子，搜寻那熟悉的身影。整整十年，小八守候在车站，直到寂寞的等待让苍老的它再也没有力气睁开双眼……

  我的眼泪像决堤的水，再也止不住，喷涌而出。孩子们放声大哭。一条狗与一个人，这是一种怎样的缘分，牵扯着他们走进彼此的世界：无论生老病死，始终不离不弃。

看完电影后孩子们的心情久久难以平复，教室里依然哭声一片，引来其他班级孩子的好奇观望。有个孩子站在窗口，不解地望着正在失声痛哭的孩子们，很鄙夷地说了一句莫名其妙的话。结果引起了公愤，等我赶到教室，教室里吵吵嚷嚷，闹成一片。一群孩子将那个口不择言的同学拽进了教室，极其愤怒地呵斥那位同学，要他向同学们道歉，向"忠犬小八"道歉，否则，就不许他离开我们教室。众目睽睽之下，那个同学又尴尬又羞惭，最后，他只得当众道歉，孩子们这才饶过了他……

小八，是孩子们心目中的英雄和偶像，深深地触动了孩子们柔软的内心。这个出言不逊的孩子真是犯了大忌，惹了众怒！孩子们的至真至善让我的心掀起波澜——

因为"忠犬小八"，我们有了共鸣：很多时候，我们需要一些温情和感动，来提醒我们渐渐蒙尘的善与爱，让心灵适时复苏。

从那一刻起，我许下心愿：找点空闲，找点时间，领着学生，看看电影，一起欢乐，一起忧伤，一起追梦，一起在光与影的世界里沉醉。我相信，这样的时光会被我们共同铭记，多年之后，这样的场景会成为我们最深切美好的回忆。

后来，我将《鲁冰花》这部电影推荐给了我的学生。电影《鲁冰花》讲述了一个凄美的乡村故事。小主人公古阿明自幼丧母，和懂事的姐姐、老实巴交的茶农父亲相依为命。阿明具有绘画天分，但他的出众才能只被从城里来的郭老师赏识。学校的其他老师都趋炎附势，为了讨好乡长，推荐毫无灵气的乡长儿子参加画展。郭老师一怒辞职，把阿明的作品寄给国际儿童画展。数月之后，阿明的绘画获得了国际大奖。当郭老师兴冲冲地回到乡村，告诉阿明一家喜讯的时候，看到的却是山坡上一座凄冷的小小坟茔……

或许是年龄相仿，古阿明的身上有着孩子们太多熟悉的影子。看到顽皮淘气的阿明踢球打碎窗玻璃，玩"木头人不许动"的游戏被老师训斥；看到他在水牛脸上涂上厚厚的泥巴,跟牛说悄悄话;看到他为了让猪仔快快长大,好卖钱还清家里的欠债,追着可怜的猪仔,用偏方给猪屁股吹气,教室里发出一阵阵会意的笑声。

阿明的过人才气让孩子们惊叹不已,他笔下的世界,是一个有着丰富质感的童话世界。《天狗食月》的美丽传说,《茶虫》的恣意夸张,还有触动孩子们情怀的《母亲》……一幅幅画作想象奇特、真实动人。

在贫穷的日子里,阿明依然笑容灿烂,生活得虎虎有生气;在寂寞孤独的时候,他含着眼泪一遍又一遍轻轻地哼唱着《鲁冰花》,想念死去的妈妈;他用一双纯真的眼睛描摹着他眼中的世界,但却遭到社会现实的无情扼杀。影片的画面是那么唯美,歌声却是那样的忧伤,影片结尾古阿明的死去更是让孩子们泪光闪闪。

"天上的星星不说话,地上的娃娃想妈妈……夜夜想起妈妈的话,闪闪的泪光鲁冰花……"《鲁冰花》的歌声久久回响在孩子们的心田。

电影,如细细密密的春雨,悄然飘洒。我和孩子们深深地沉迷于它给心灵带来的震撼,带来的无声的熏陶。

9. 月光老师

我想,最好的感谢便是用清泉般温润、明月般皎洁的方式去润泽孩子们的心田,让他们的心中也流淌着一弘泉、悬挂着一弯月。

傍晚时分,我偶然路过学校的小池塘,忽然发现,小池塘里彩灯闪烁,各色喷泉映着灯光,曼妙起舞。吹拂着清风,沐浴着月光,我静静地站立了好久。

教室里,孩子们在静悄悄地写着作业。我轻轻地开口:"孩子们,放下手中的笔,我们出去走走吧。"

"老师，我们的作业还没写完呢。"好懂事的孩子啊！

"没关系的。写不完，我们明天再写。今天咱们有更重要的事情呢。"我说。

"真的吗？"还有孩子怀疑。

"真的！"我的口吻不容置疑。

"哇！"孩子们鼓掌欢呼。

走出教室。空气清新，天地开阔。晚风在轻唱，树叶在起舞，月色朦胧。我与孩子们一路欢笑。

小池塘边，灯光璀璨迷离，水声潺潺作响。随灯光舞动的喷泉，仿佛跳动的音符、舞动的精灵，此起彼伏，流光溢彩。

孩子们撒开双腿，欢呼雀跃，或单独或结对或扎堆地围在一起，在池塘边观泉，在假山上赏月，在喷泉旁戏水。俏皮的孩子禁不住清凉的水的诱惑，在"水雾"里你追我赶，任细细的水珠打湿薄薄的衣衫。夜色中，银铃般的笑声一串串，欢乐的旋律在静静的夜色中唱响……

月光下的我静静地欣赏着喷泉和流水，欣赏着活泼泼的生命在我身边蹦来跳去，心如高悬的明月一般，清朗宁静。

几个女孩子欢笑着朝我跑来，挽住我的胳膊和肩膀："钱老师，我们来戏水？""好啊！"我笑嘻嘻地应着，还没等她们反应过来，我就"先下手为强"了。"打水仗喽！"水珠洒向孩子们的脸上、身上。孩子们大叫着慌忙掩面四下逃窜……

"哈哈，钱老师使坏！"孩子们故意朝我翻眼睛噘嘴巴，看得我直乐。我还没缓过神来时，几个孩子一起向我"反击"了。水珠直往我的头发上、脖子里钻。我大叫着落荒而逃，孩子们紧追不舍。男孩小俞看到这情景，立马张开双臂，堵住女孩子们的去路，高喊："钱老师，我来保护你！"哈哈，有帮手了！我说："好样的，小俞，快帮我顶住！"听了这句话，女孩子们一齐将矛头指向了小俞："小俞，你捣什么乱哪，好男不跟女斗！"小俞才不管这些，他双手叉腰，瞪着眼睛，神气活现："你们以多欺少，欺负钱老师一个人，算什么好女！我是路见不平，拔刀相助！"

跑累了，笑倦了。孩子们围坐在我身边，静静地倚靠着我。任晚风轻拂我们的脸庞，任明月照耀我们的心扉。这晚，我送给孩子们一个明月的梦、一弯清泉的梦！

也就在这晚，我多了一个称呼：月光老师！

这是一个孩子的文章——《月光老师》：

……我们簇拥着钱老师，在池边漫步，观赏静静的月，观赏流动的泉。我们蹲在池边，拨弄着清清的泉，追逐嬉闹，水珠溅在我们身上，月光洒在我们身上，夜色融在我们心里。这时候，钱老师已经不是一个老师了。她没有老师的严肃，有的是孩子的自由；她没有老师的拘谨，有的是孩子的奔放；她没有师生界限，有的是师生的相融。

这一幕是世界上最动听的《月光曲》，这一幕是世界上最动人的"荷塘月色"，这一位是世界上最动情的"月光老师"！

感谢我的学生小谢，用细密的心、唯美的笔，写下诗意美妙的文字。这文字也如澄澈的泉、明净的月，让我心灵安宁，思想纯净。

对于我亲爱的学生，我始终无法用言语来表达我心中的感谢。我想，最好的感谢便是用清泉般温润、明月般皎洁的方式去润泽孩子们的心田，让他们的心中也流淌着一泓泉、悬挂着一弯月。

10. 细节换来满怀春色

这样一些微不足道的"小事"、无足挂齿的"细节"，让我的内心充满着一种无法言说的快乐。

我一直觉得，孩子的心就是一幅画，每一个细小的记忆都会留下深深的划痕。所以，我也总将自己视为一个绘画的人，怀揣着绵绵不绝的爱，细细地描摹，用心着色，希望将每一个细节都绘成一幅幅可心的图案。

一页一页翻看着孩子的日记，往事就像一幅幅的画浮现在我的眼前……

甜甜的味道

那一次，老师笑呵呵地走进了教室，手里还拿着一包花花绿绿的糖，同学们不由猜测着老师的用意。老师亲切地说："同学们，告诉你们一个好消息，老师的文章发表啦！"一听这话，我们兴奋地鼓起掌来。老师又说："这中间也有你们的一份功劳哦，是你们触发了我写作的灵感，点燃了我创作的激情，稿费虽然不多，但却是我们共同的智慧结晶啊！现在，让我们一起来分享甜蜜吧！"老师很小心地分发着糖果，生怕漏了哪一个。我们呢，迫不及待想品尝那一份甜蜜的感觉，教室里立刻响起了哗啦哗啦的剥纸声。我捧着糖，心中不禁涌起一阵暖流。小心翼翼地剥开糖，将它放进嘴里，甜滋滋的。这张糖果纸，我一直珍藏着，这份甜甜的感觉，我一辈子都记得。

爱的电话

开学不久，我就生病了。躺在病床上的我寂寞极了，心里想着老师、想着同学们、想着落下的功课。正当我在愁眉不展的时候，电话铃声响了。爸爸接听了电话，我竖起耳朵听。是钱老师打来的电话。我的心剧烈地跳动着，等我拿起爸爸递给我的话筒时，我的手竟然有些发抖。电话那端，传来了老师熟悉的声音，老师关切地问我病有没有好些，有没有听医生的话按时吃药；并嘱咐我在家好好休息，不要担心功课。放下电话，我感到轻松极了，心里有说不出的舒畅。啊，老师的电话，爱的电话！

一对好朋友

那天的语文课上，您让我们自由组合，找一位好朋友练习分角色朗读课文。可能是我平时写作业经常拖拉的缘故吧,我找了好几位同学,可他们都不愿意和我做朋友。看到同学们一个个喜气洋洋的样子,我心里难受极了。这时,您看见了,走过来问我怎么了,我感到很委屈,就向您说明了情况。您笑了,说:"啊,正好老师也在找朋友,要不这样吧,咱们成为一对好朋友来练习课文朗读,怎么样?"一听这话,我高兴极了。后来,我们的合作博得了同学们的阵阵掌声。甚至,我还觉得同学们都在用羡慕的眼光瞧我呢!

老师,您是一个大儿童!

体育活动课上,您让我们练习跳长绳。也许是我们的欢快感染了你,你很快也加入了我们的行列,排在队伍中间和我们一起跳。这时的你,仿佛回到了童年时代,一边跳一边笑,就像一个小女孩一样。阳光下,你的长发飘逸、笑容灿烂,显得更加年轻美丽。在你的感召下,同学们纷纷围了过来,聚集在你的身边,围着你一起跳,你在我们的簇拥下意气风发。这一刻,你好像不再是一个老师,而是和我们一般年纪的稚气儿童!

喜欢钱老师

今天,钱老师要出差。走之前,她来到教室,在黑板上写下一行字:"六(2)班的孩子们,钱老师外出听课了,你们要照顾好自己。"写完,她将粉笔放进笔槽,又在教室里走了一圈,拍拍这个同学的肩膀,抚抚那个同学的头,叮嘱几声,然后拎上包,走到门口,又留恋地回过头看了看我们,仿佛很担心很舍不得我们。我顿时觉得钱老师就像一位将要远行的母亲,放心不下自己的孩子……喜欢钱老师,不只是因为她长得很美,更是因为她有一颗美丽如同碧玉一样的心灵。

……

孩子们的日记写得并不长,写的都是一些师生间发生的琐碎小事。可就是这样一些微不足道的"小事"、无足挂齿的"细节",让我的内心充满着一种无法言说的快乐。

感谢教育，让我把心中的爱满满地播撒在孩子们的心中，让我在孩子们生命的航程中留下温柔的回忆。我相信，爱的浇灌和人性的感召，永远胜于其他形式。

感谢孩子，让我从细微的生活片段中感受到教师的职业魅力，找到了教育给予我的无限乐趣。它让我幸福地觉得，虽然我只是一个普通的老师，身在平凡的岗位，那么默默无闻，但我同样可以将普通的工作演绎得精彩纷呈；我同样能在平凡的岗位上感受着诗情画意、激情满怀的美丽人生。

11. 有我，有红旗班！

57张照片，每一张照片上的人都笑容灿烂，每一张照片上都有一行醒目的字：有我，有红旗班！

又是开学典礼的日子。

很不巧，这样盛大的日子我竟然缺席，无法见证孩子们走上红地毯、走上领奖台的荣耀一刻，也无法记录下孩子们手捧大红的荣誉证书高高举起的辉煌时刻。

更不巧的是，班级被评为"红旗班"，我不能亲自登台，亲手捧回属于我和孩子们共同奋斗努力得来的这份荣誉。

而这，将会成为毕业这一年永远的缺憾。红地毯、红旗班、领奖台，那是我和孩子们心中的渴望与梦想呀！

记得第一次获得"红旗班"还是在孩子们四年级的时候。那一次，当我走上红地毯，捧回"红旗班"奖状的时候，孩子们欣喜若狂。小周同学还笑嘻嘻地说了一句玩笑话："钱老师走上红地毯，是结婚去了呢！"

看着坐在主席台下默默观礼的孩子，再看看领奖台上走过的一批批孩子自豪的神情，我当下就决定：有我，有红旗班！红地毯属于每一个孩子，我要让每一个孩子走上红地毯！

开学典礼结束，人潮涌动，我们班原地待命。当偌大的操场只剩下我们班级时，我发出号令：孩子们，现在红地毯和领奖台属于四（5）班，让我们意气风发地走上领奖台！

红地毯在我们面前伸展，56个孩子齐刷刷排成一列，紧跟在我身后，走上了红地毯，跨上了领奖台。站在领奖台上，视野是多么开阔，心情是多么奔放！我们心花怒放！班长高举着"红旗班"的奖状，孩子们闹嚷嚷的，围着我，叽里呱啦，做着各种丰富的表情，摆着各种逗的、酷的、帅的造型，尽情地释放内心的喜悦和自豪！

"咔嚓！"镜头闪过，美好的记忆在这一刻永存。

时间慢慢过去。五年级整整一年，我们班都和"红旗班"失之交臂。

我们默默等待。

终于传来好消息："红旗班"花落六（5）班！

孩子们内心深处的激动、兴奋、喜悦就像岩浆在翻腾。毕竟，对于即将毕业的他们来说，这是最后一次荣誉了。这份荣誉的获得为他们的小学生活画上了一个圆满的句号。

然而，这一天，我缺席。

我的心中有遗憾。孩子们何尝不是呢？

开学典礼颁奖的时刻到了，我们班获得了"红旗班"。虽然早有耳闻，但这个喜讯仍像颗重磅炸弹，在我们每个人的心中炸响，我们欢呼、击掌，以示庆祝。在这样欢庆的时刻，我们的身边却少了一个最重要的人——钱老师。如果钱老师您在，一定会与我们同样激动兴奋吧？可是在见证荣耀的时刻，您却不在……

读到这样的日记，我的内心难以平静，让缺憾成为圆满，我需要用一种更为巧妙的方式去弥补。

我想到了那次集体走红地毯，孩子们依偎着我，一脸幸福的模样。那照片此刻就摆在我的面前。"有我，有红旗班"的誓言再一次在我耳边响起。

我要用另一种特别的方式，让孩子们再次感受——有我，有红旗班！

我拿起"红旗班"的奖状，快步走向教室。

我感慨万千："距离第一次获得'红旗班'已有整整一年。一年之中，我们两次与'红旗班'擦肩而过，留下无尽的遗憾。但我们从来没有放弃过，从来没有放弃过我们的梦想。今天，六（5）班的'红旗班'梦想终于成真了。我们的梦圆了！"掌声响起。

"红旗班，有你，有我！今天，我们每一个同学都要骄傲自豪地告诉自己：有我，有红旗班！我以'红旗班'为荣，'红旗班'以我为荣！"

"今天，钱老师要来充当一回摄影师，为每个同学照相，拍下你们和'红旗班'的永恒一刻！"

"每个同学都拍照？钱老师，那你要拍56张照片哪！"嘴快的几个孩子似乎不敢相信我说的话，将信将疑地问道。

"是啊，56张照片，一个都不能少！"我掷地有声。

"真的？"教室里顿时人声鼎沸。

感受荣耀的时刻到了。孩子们一个接一个，手捧"红旗班"的奖状，面对着我，自豪地、骄傲地微笑着，脸上涌起笑意，眼中闪出光彩，笑得那么甜、那么美、那么满足。金光闪闪的奖状在孩子们手中传递。镜头中的孩子们，光彩照人。我频频按动快门。

拍完最后一张照片，围在我身边的几个孩子忽然发话了："钱老师，你也应该和'红旗班'的奖状合个影！""是啊，'红旗班'的获得离不开钱老师哦！""钱老师的功劳可是最大的！"这几个孩子约好了似的，哄得我的心软绵绵、甜滋滋的。

好吧，我也毫不客气："对啊对啊，'红旗班'的获得也有我的功劳哎，有我，有红旗班！"我手捧着奖状，面对着镜头微笑。几个孩子争着帮我拍照。

教室里，孩子们依然喜上眉梢。我打趣说："今天，六（5）班真是喜事到家啊！我们一个个都成了小喜鹊啦！"

"我将这些照片共享到我们班的 QQ 群中，请你们下载保存。不仅如此，我还要求你们自己去设计照片、打印照片。不要忘记，照片上一定要打印一行字：有我，有红旗班！"

我相信，让孩子们自己设计、自己打印，亲历这个过程，远比我包办代替更有意义。

周日返校，孩子们将照片交到我手中。我一看，又欣喜又感动。那些照片，显然都经过了精心的设计：添加了边框，设计了对白，增添了图案。尤其是"有我，有红旗班"那句话，被赋予了更多的意义：它被包围在一片"祥云"中，被呵护在许多"爱心"间，被环绕在蹁跹的蝴蝶中……

我早就想好了，将这些照片贴在教室外墙上，将这堵照片墙变成一面闪光墙！56个孩子，再加上我，一共57张照片，每一张照片上的人都笑容灿烂，每一张照片上都有一行醒目的字：有我，有红旗班！

12. 假如我能使一颗心免于哀伤

假如我能使一颗心免于破碎，我便没有白活一场；假如我能消除一个人的痛苦，或者平息一个人的悲伤，或者帮助一只昏迷的知更鸟重新回到它的巢中，我便没有虚度此生。

又读到狄金森的这首诗。每一次读，鼻中的酸涩总是伴随着眼中的泪。将近十年，我的心里一直有一只知更鸟在低低地盘旋。那双迷惘的眼睛、那样柔弱的身影、那种哀怨的神情，在我的脑海中挥之不去。

（1）一个人的悲伤

很多的时候抬眼看她，总是见她一个人坐着发呆，默默地想着心事。走近她，问她话，她不轻易回答，或点头，或摇头。

她的学习成绩不太好。特别是数学，学得很吃力。后来，我知道，不仅仅是因为学习成绩的缘故，还有家庭的原因。

她对于爸爸妈妈的唯一一次甜蜜记忆，是12岁那年的国庆节。她说那是有史以来第一次爸爸妈妈一起陪她出去玩……

她的心里是多么渴望阳光一般的父爱与母爱啊！但小小年纪的她，内心却背负着与她的年龄极不相称的沉甸甸的悲与苦。这本不应该由她来承担。

我听她讲过很多人，她的爸爸、妈妈，极其疼爱她的爷爷、奶奶，她的叔叔、婶婶，还有她妈妈的男友。

我听她讲过很多事。爸爸吸毒，将家中值钱的东西拿出去变卖，将爷爷、奶奶气得一病不起。这还不算，爸爸还经常问女儿要钱，千方百计地要走爷爷、奶奶给她的压岁钱，甚至偷偷从她的储蓄罐中取走她的零花钱……

她在日记中写过这样一件事："大年初五，家中失窃，警察叔叔来了我家，而窃贼竟是爸爸！"面对着她的日记，我半天无语。我不知道该怎样去化解并消除她内心的伤痕。像她这样的年龄，心灵应该是一片柔软白净的纸面，可为什么却已落下尘埃？

（2）不能拒绝妈妈的爱

每次想起她，我都会悄悄地落泪。因为，我只是个老师，家庭的健全与温暖，我给不了她，我无能为力。

开学后好几个月，我才见到了她的妈妈——个子不高，白白净净，很温柔。但母女第一次相见并不愉快。那天，她妈妈来学校看她，我很高兴，到教室去喊她，她竟然都不愿意出去见妈妈。经过我再三劝解，她才勉强同意，很不情愿地跟妈妈见了面。她妈妈看见她，亲热地拉着她嘘寒问暖。她却异常冷漠，面无表情，既不答话，也不理睬，仿佛存心给妈妈难堪，让她下不了台。她妈妈极为尴尬。

她在日记中透露：

今天我看见妈妈了，看见妈妈总是件开心的事吧！可是我看见妈妈却是发自内心的陌生与讨厌。不知为什么，我觉得我再也找不回以前的妈妈了。她变了，从头到脚彻底地改变了。总之我已不喜欢她了。因为是她改变了我的人生。钱老师，你能告诉我吗？我是否要尝试忘记我的妈妈呢……

我在她的日记后面写下长长的一段话：

……今天你妈妈特地请了假，大老远坐车、转车，不辞辛苦来看望你，你妈妈多爱你呀！听着你妈妈对你嘘寒问暖，看她搂着你、拉着你的手温柔地说话，连老师都被深深地感动了，你怎么能不和妈妈说一句话，甚至连一个笑容都不给妈妈呢？要知道，她是生你养你的妈妈呀！你可以怀疑任何人，但决不能怀疑妈妈对你的爱！无论如何，妈妈爱你的心永远都不会改变！

她之前跟我讲过，爸爸不肯离婚，妈妈就从家里搬出去住了，还交了男朋友。她一点都不喜欢那个叔叔，觉得自己的妈妈被他抢走了。

可是，我怎么能让她消除与妈妈之间的隔阂与距离呢？她的爷爷奶奶虽然疼爱她，但毕竟年事已高，只能照料她的生活起居，她的内心世界谁来关注？她的家庭教育谁来负责？只有她妈妈！虽然与她妈妈只见过一面，但我可以感觉到，她妈妈很爱她，非常在乎她的感受，甚至很迁就她。当然，她的内心也有说不出的痛。我希望她妈妈和我成为一个"教育共同体"，共同来关心她的身心健康。要不然，这个孩子该怎么办？所以，我不能让她如此冷漠地对待妈妈，也不能让她妈妈在追求自己幸福的同时忽视了女儿。

我当机立断，给她妈妈打电话。电话中，我告诉她孩子的情况，告诉她家庭的支离破碎对孩子内心造成的伤害,告诉她我的担忧和不安。电话那头,她妈妈沉默了好久,哽咽着答应我,一定会尽到一个母亲的责任,关心女儿的家庭生活,关注女儿的内心世界,让女儿健康成长。

她妈妈是个好妈妈。没过几天,我就读到了她的日记:

钱老师,我想问你一个问题,如果你妈妈给你写了一封信,你会看吗?我猜测,这封信的内容一定是关于爸爸和她,或是她与我之间发生的不开心的事。因为有什么话不能当面讲,非要写一封信呢?我想她一定是难以开口才会写信给我的,不是吗?

钱老师,我不看这封信有两个原因。第一,我不想知道爸爸、妈妈之间的事,不想给自己增加烦恼;第二,我不想因为他们而学习分心!钱老师,你说我该不该看那封信,能否给点建议?

我很高兴地在她的日记本上写道:

傻丫头,妈妈写给你的信,为什么不看呢?那是爱的信笺哦,不能拒绝!与其在日记中妄加猜测,还不如直接打开信来一睹为快呢!

她听了我的话,看了妈妈写给她的信。后来她变得开朗了很多,一向苍白的脸上泛起了红晕。

(3)你在哭中

她很听我的话,很爱听我讲话。一有空,就黏着我;一不见我,便急急地寻找我。她听从了我的建议,坚持每天写日记,在日记中记录喜怒哀乐,释放心情;她也学会了从我这里寻求帮助,宣泄情绪,不再独自想心事。只要心情不愉快,她就会往我身边凑:钱老师,你有时间吗?这个时候,我再忙再累也会放下手头的事情,静静地听她讲话,陪她说话。她对我的依赖越来越强,以至到了周末她都不肯回家。

"钱老师,我能不能不回家,住在学校里啊?我喜欢学校,喜欢和你在一起!"

"不行,周末你必须回家!你妈妈在接送点等着你呢!"

"那好吧!"她可怜兮兮地回答。

我很清楚:在她的人生旅程中,我只能陪她慢慢走过一程,两年过后,她必将离我远去。师爱并不完全等同于母爱,师爱更代替不了母爱!为了她的将来着想,我必须让她和她妈妈之间建立起母女的感情,让她依恋她的妈妈!那么,即使以后她不在我身边了,我也能够踏实、心安。

于是,在我的安排下,她妈妈来学校看望她的次数多了。她妈妈真是一个非常心细的妈妈,对她的关心可以说是无微不至。她晚上失眠,妈妈帮她买来了可爱的毛毛熊;她感冒咳嗽,妈妈打车赶来为她送药;天气骤冷,妈妈又将衣物送到学校;她的生日,妈妈买来蛋糕,让她与同学们分享。我相信,当她的妈妈气喘吁吁地出现在她面前,真心真意地为她付出时,她心里是有涟漪的。

教师节,她妈妈来看望她,还带来了一束鲜花。她开心地接过鲜花,满足地笑了。鲜花是她送给我的。

她在日记中写道:

我在家里找到了爱,找到了母爱。以前我一直不懂得什么是爱,直到教师节的那一天,我才知道什么是母爱。教师节的前一天晚上,我打电话给妈妈,说要送钱老师一件特殊的礼物——鲜花。当时妈妈没有马上答应,只是说她很忙。我想她这么忙,一定不会来学校了。可是让我惊喜的是妈妈把花送来了。妈妈这么忙还来帮我送花,是想听到老师的一声感谢吗?不是!她就为了让我开心,不是吗?我找到了爱,找到了母爱!

我在她的日记后面写道:

爱，无处不在。只要你用心去寻找，就会发现，你的周围有很多爱你的人！就像你的妈妈，她所做的一切都是为了更好地爱你！你一定要相信，你是在爱中出生，也是在爱中长大的！

虽然她的家庭不再完整，虽然她的内心有了阴影，但我必须尽一个老师最大的责任去呵护她、关爱她、帮助她。最好的方法，便是让她感受爱、体验爱。

恰逢母亲节，我布置了一项体验作业——跟着妈妈去上班。回校后，我读到了她的日记：

今天一早，我跟着妈妈去工地上班。工地正在施工，灰尘扑面而来，妈妈用身体挡住我。这时候，我感觉妈妈就像一棵大树一样保护着我。风沙实在太大，把我吹得满脸黑乎乎的，妈妈赶紧让我回到车里。透过车窗，我看到了妈妈忙碌的身影。烈日残酷地烤着大地，地面被晒得发烫，妈妈满身是汗，脸上、身上、衣服上脏兮兮的。看着看着，我的泪水夺眶而出。我忽然觉得我是那么不中用，我多么想上前帮妈妈一把呀，我多么想快快长大，帮妈妈做事，这样妈妈就不用天天在外面经受风吹雨淋了……

读完日记，我长长地舒了一口气。这项体验作业布置对了！

（4）**最亲的人**

她对我的感情是一口井，深得无法测量。这样的感情，是在朝夕相处、亲密无间中积聚起来的。

她曾经送过我一只杯子。一杯子，一辈子。我当然懂。她说，这只杯子是用零花钱买的，因为看到我原先用的那只杯子已经裂了一道小口子，便想到送我一只新茶杯。我很感激。每当端起杯子，便想起她的模样，有感而发,我写了一篇文章,发表在报纸上。当我将刊有文章的报纸递到她手里时,她简直不敢相信自己的眼睛——老师竟然为她写了一篇文章!我笑吟吟地说:"你送给我一份礼物,老师也还你一份礼物。这篇文章,这张报纸,请你珍藏!"

我第一次看到她那么激动,那样发自内心地笑了。

毕业前夕,她留给我的最后的礼物是——《最亲的人》,写给我的:

钱老师,在我的心中,您永远是最亲的,是我的知心朋友,是我的亲密家人。不是我的母亲,胜似我的母亲,是一个非常非常特殊的人物,我永远忘不了您。您是我最亲的人……

不管是喜还是忧,不管是微笑还是哭泣,不管是成功还是失败,不管是消沉还是上进,您始终陪伴着我,自始至终对我尽心尽力,从不嫌弃我,更不放弃我,只有亲生母亲才会对我这样做啊!从您身上,我看到了"坚持"二字,我再一次认定您就是我最亲的人。

两年的光阴里,您为我做了很多很多,我也从您身上学到了很多很多。它使我明白,师生之间的爱是真挚的爱、纯洁的爱,是人世间最美好的爱。遇到您,我很幸运,也很幸福,因为有您——我最亲爱的钱老师一路陪伴!

……

我常常想:作为一个老师,假如我能使一颗心免于破碎,我便没有白活一场;假如我能消除一个人的痛苦,或者平息一个人的悲伤,或者帮助一只昏迷的知更鸟重新回到它的巢中,我便没有虚度此生。

第七章
正能量：像太阳一样相信未来

　　教育就是守望着一朵花盛开的过程。不管天气有多么冷，不管风雨有多么大，只要我们有明快地向着春天盛开的心，我们就能守望到那一朵朵花开的日子。
　　——传递正能量，培育正能量，是教育者的良知和使命。用"正"的思维看待孩子，用"正"的行为影响孩子，用"正"的能量鼓舞孩子，那么不管以后面临什么样的风雨，只要孩子心底里还有温暖的感觉，精神上还有亮丽的底色，他就能坚强地一路走好。

1. 蛋白质女孩

她曾经说过一句让我至今都难以忘怀的话：每一个成功的男人背后，总有一个女人在默默地支持；每一个成功的老师背后，总有一个学生在默默地支持。那个学生便是我。钱老师，我永远支持你！

六年级，她转学到了我的班级。第一眼看见她，我就喜欢上了她，相信她也是同样的感觉。

初来乍到的她，与我完全没有陌生感和距离感。她喜欢找我聊天，问我很多问题，告诉我她心里的想法，让我替她分析排解。我理解她，那时的她其实很寂寞、很孤独。她的爸爸妈妈正在闹离婚，她因此转学。父母离婚的事情在她心里始终是个阴影，挥之不去。

我私下找来了她的爸爸和妈妈，很坦诚地告诉他们孩子的情况，希望他们能够关注孩子的心理，让孩子健康快乐地成长。她的爸爸妈妈都是知书达理的人。他们答应我，为了孩子，一定会将大人之间的恩怨放在一边，做好父母应该做的事情。为了孩子，无论工作再怎么忙碌，周五和周日，他们相约同时来接送孩子，依然给孩子一份完整的爱。听到她爸爸妈妈的保证，我心安了。

那天，我约她谈心。空旷的教室里，只有我和她两个人。她很信任我，将她所知道的爸爸妈妈之间的事情告诉了我。她说整整一个暑假，爸爸妈妈的关系一直处于紧张的状态，不是吵架就是冷战；她说她很害怕，怕爸爸妈妈重新建立新家之后，不再爱她了，她将成为一个没人喜欢的孩子。我说，"爸爸妈妈的离婚既然已成为了事实，你也就不要再纠结于心了。你也看到了，爸爸妈妈生活在一起，不是冷战就是吵架，多么痛苦！他们不想让你目睹这一切，不想让你一再地受伤害。他们痛苦，你也跟着他们一起痛苦，所以他们选择了离婚。或许对于他们来讲，当婚姻无法挽回时，离婚就是最好的选择。当然，这是痛苦无奈的选择，对你造成了伤害。相信你也不希望看着他们俩整天吵吵闹闹地生活在一起，这样你也不会幸福快乐。作为女儿，你也希望他们过上幸福的生活，对不对？"她想了想，点了点头。

"爸爸妈妈虽然离婚了，但他们的内心依然是爱你的。不同的是，他们不在一起生活了，但你拥有的，依然是两份完整的爱。不管以后爸爸妈妈会不会再组建新的家庭，你在他们心目中的位置永远都不会改变。你永远是他们的宝贝女儿，他们永远会用温暖的爱来呵护你！所以，你永远会是一个幸福的孩子！"

"还有，你发现了吗？不光爸爸妈妈，还有老师、同学，有那么多人默默地在爱着你，你感受到了吗？"

"你是个聪明的孩子，面对人生道路上的逆境，老师希望你能正视它并勇敢地克服它！"

"记得普希金的诗吗？假如生活欺骗了你／不要悲伤，不要心急／忧郁的日子里需要镇静／相信吧，快乐的日子将会来临／心儿永远向往着未来／现在却常是忧郁／一切都是瞬息／一切都将会过去／而那过去了的／就会成为亲切的怀恋。"

一番畅谈后，她释怀了很多："老师，您放心，我知道怎么做了。"

思想上的顾虑一旦消除，她的心灵就像冰封的湖面，漾起了春的碧波。学习上她每门功课都名列前茅；生活中她善解人意，很受同学们的欢迎。她将所有的心思和精力投入到了学习和班级管理中，尽心尽力帮助同学，出谋划策开展班级活动。看着她每天忙碌的样子，我的心安定了下来。

更令我欣慰的是，她的爸爸妈妈为了女儿重新建立了友好和谐的关系。周五，总能看见他们俩的身影同时出现在教室门口。在班级中，能够同时来接送孩子的父母着实不多见。再加上她的爸爸气度不凡，妈妈气质高雅，在家长中很是惹眼。每次她都在其他孩子羡慕的目光中，带着甜蜜满足的笑容走出教室，与爸爸妈妈左拥右抱地欢快离去。

她曾经说过一句让我至今都难以忘怀的话：每一个成功的男人背后，总有一个女人在默默地支持；每一个成功的老师背后，总有一个学生在默默地支持。那个学生便是我。钱老师，我永远支持你！

我知道，我始终在她的眼里、心里。那天，下课铃声一响，孩子们忙着集合整队。忽然，人群乱了，有孩子在惊呼，还有孩子在争抢什么东西。原来是一张糖果纸在随风翻飞。孩子们跑来跑去，争来抢去。终于，一个孩子"抓住"了它，喧闹的人群安静了下来。我刚想开口说话，忽然，她很不好意思地说："这张糖果纸是我的。"她一边说，一边急急地将糖果纸小心翼翼地放进口袋。我很惊讶她为何如此珍藏一张糖果纸，再仔细一瞧，我恍然大悟。

那天正逢世界读书日，我刚好拿到了一笔稿费，于是，买了一大包花花绿绿的糖，告诉孩子们犹太人在孩子读书时，会在书上滴几滴蜂蜜。意思不言而喻：书本是甜的，读书是一件甜蜜而快乐的事情。我说，没有蜂蜜，就用甜甜的糖代替吧。那一节课，孩子们品尝着糖，认认真真地读书。但这已经是一个多月前的事情了呀！让我没有想到的是，她竟然还完好无缺地保存着这张糖果纸。

我的心中从来没有如此感动过。记得有一次，我去南京听课，回来后就读到了她写的文章——《钱老师不在的时候》。

下课的时候，我总是趴在阳台上，望啊望，总希望在来往的人群中看到一个熟悉的身影；吃饭的时候，我总是环顾四周，盼望有一位敬爱的老师端着饭盆笑眯眯地走过来；上课前，我总是祈祷，有一张和蔼的面孔出现在我的面前……该怎么办呢？怎样才能压制自己的情绪呢？于是我就拼命地做作业、看书……总之，我必须不断地做事才能稍微淡化这种思念。说得夸张一点儿，我的魂、我的心都跟着钱老师您走了……

当我出现在教室的那一刹那，所有的孩子一拥而上，将我团团围住，而她竟然喜极而泣。这是一个怎样的女孩，让我欢喜让我心疼。

后来发生的一件事情，让我对她有了更为深刻的了解。那是一个周末，临近放学，她的钱包忽然不见了。只是一个中午的时间，钱包不翼而飞，我断定是班级里的同学拿了她的钱包。结果拿她钱包的竟然是她最要好的朋友小Y。我惊讶，她更惊讶。

钱包还回来了，但她与小Y之间的友谊呢？两个孩子以后该如何相处？考虑再三，我将她找来，征询她的意见，我相信她能以最为妥帖的方式解决自己的问题。她略一思索，便回答了我："人非圣贤，孰能无过？我还是愿意跟她做朋友。我相信她会改正错误。"听了她的话，我很宽慰，也很感动。我轻轻拥抱住她：这个孩子，能容人，也能感人，真的不一般呀！

她做得非常好。后来小Y处处躲避她，还写了一封信给她，提出不再做朋友。于是，她主动找小Y谈心，劝慰她不要自责，过去的事情不要放在心上；告诉小Y，依然将她当成好朋友，相信她能知错就改。

同时，她也向小Y提出要求：重新做回好朋友需要付出相应的努力，提议小Y为班级多做些好事，用行动弥补过错。小Y听了她的话，努力为同学服务，最终赢得了她的友谊。

看到两个好朋友手拉手，开心地走在一起，我很高兴。为一个孩子真心诚意的付出，为一颗心灵真心诚意的回归。

想起她，总是从心底冒出一个词——蛋白质女孩。

想起她，就翻阅毕业前她送给我的一本书——《伟大的人物》，扉页上有她的笑脸，还有一行数字：564335。她的意思，我懂。

她，给我——她的老师，以心灵的滋养。

2. 守望一朵花的盛开

教育其实就是守望着一朵花盛开的过程。不管天气多么冷，不管风雨多

么大，只要有一颗明快地向着春天盛开的心，我们就能守望到那一朵朵花开的日子。

当我喘着气将满满当当的一桶中药拎进教室时，当浓郁的中药味再次在教室弥漫开来时，正如我预料的那般，孩子们的眉头又蹙紧了，小脸耷拉着，小嘴噘得老高，嘀咕声、抱怨声一片：

"昨天喝过中药了，怎么今天还要喝啊？"

"老师，今天能不能不喝了呀？"

的确，中药太苦，难以下咽。可是，这段时间流感病毒蔓延，怎能不喝中药进行预防呢？

看着愁眉苦脸、唉声叹气的孩子们，我不由地笑了："今天，钱老师和你们一起喝中药，好吗？"

"真的呀？！"孩子们的眼睛霎时亮了，有神了。

"嗯，我们的班歌里不是有一句话，叫作'有福一起同享，有难必然同当，用相知相守换地久天长'吗？这个时候，老师必须和同学们站在一起——有难同当！"说罢，我拿起了早已准备好的一只大号的杯子。

"哇，这么大的一只杯子哪！"孩子们惊叹。

我笑了。俯下身，毫不犹豫地倒了满满一杯子中药。

孩子们坐在座位上，一眼不眨地看着我的举动，呆了。

"谁有勇气第二个来倒中药？"我高高举起手中满满的一杯子中药。

话音未落，孩子们拿着杯子蜂拥而上，讲台立马被围了个水泄不通。

"我先来！"

"老师，给我多倒一些！"

"老师，给我倒满！"

孩子们欢天喜地，仿佛自己的杯子里不是苦苦的中药，而是可口的蜂蜜。

我再次高高举起了自己的杯子："孩子们，来，举起你们手中的杯子！"

孩子们挺着胸，站得笔直，仿佛待命的士兵。我大声发出号令："让我们一鼓作气，干一杯！"

"干杯！"

"干杯！"

众目睽睽之下，我端起杯子，一仰脖，一口气喝下了满满一杯子中药。然后，我将空空的杯子高举起来。

孩子们见了，也纷纷端起杯子，咕嘟咕嘟地喝了起来。

只一会儿工夫，孩子就喝光了自己杯中的药。

"咱们四（2）班的孩子真棒！让我们来夸夸自己！"我带头鼓起了掌。

"嘿嘿，你真棒！"胜利的喜悦、甜蜜的微笑挂在了孩子们的脸上。

"今天，同学们表现得很勇敢，老师要奖励你们。"我让班长去我办公室拿来了一包糖。

"甜甜的糖果是奖励你们的。先喝药，再吃糖，这叫作先苦后甜。"

班长小臻细心地分发着糖，孩子们若有所思品味着糖的甜蜜。我突然想到，教育其实就是守望着一朵花盛开的过程。不管天气多么冷，不管风雨多么大，只要有一颗明快地向着春天盛开的心，我们就能守望到那一朵朵花开的日子。

3. 好香好香的牛奶味道啊！

"滴滴香浓，意犹未尽。牛奶味是最醇最香的味道。小城，你闻到香香的牛奶味了吗？"我微笑着看着他，俏皮地问。

课间，孩子们正在安静地喝牛奶。

"哎呀，你没长眼睛啊，把牛奶泼到我身上，赔，赔我的新毛衣！"突然，一个尖利无比的嗓音在走廊内回响。一听声音，就知道是我班的小城——一个得理不饶人的孩子。

果然，还没等我站起身，气呼呼的小城就已经拽着"闯祸"的小郭推推搡搡地进来了。

"老师,他把牛奶洒到我的衣服上了,好臭啊!"小城一边大声嚷嚷,一边很夸张地用手捏着自己的鼻子。

"牛奶洒到衣服上,怎么会发臭呢?"我有些纳闷。

"哼,瞧他身上,那么脏!就是臭!"小城鄙夷地瞪着低头不语的小郭。

小郭是班里最老实乖巧的孩子,平时小城就瞧不起他,经常羞辱他。此时,小城抓住了小郭的把柄,他更觉得自己理直气壮了。面对小城的咄咄逼人,小郭无力地申辩着:"对不起,我不是故意的。"

"说声对不起就没事啦,脏小孩,你得赔我新毛衣!"小城傲慢的目光不屑地朝小郭身上瞟去。

"老师,小郭真的不是故意的,我们都看见了。"其他同学纷纷为小郭求情。

"哼!"小城虎着脸,依然不肯让步。

见此情景,我一下明白了。怎么办?说实话,看着小城那傲慢无礼的样子,我真想狠狠地批评他一番。但凭我对小城的了解,如果采取这样简单的方式,小城会更加不依不饶,当场哭闹撒泼也有可能。

看着小城那气鼓鼓的样子,我的视线落到了他穿的那件新毛衣上。我顿时有了主意。于是,我微微一笑,招呼着小城:"小城,你过来,让老师看看你身上的新毛衣。"

小城狠狠地瞪了小郭一眼,不太情愿地扭着身子走了过来。我仔细一看,哦,果真是一件漂亮的毛衣,淡雅的蓝色,高高的翻领,可爱的史努比图案,衬着小城白皙的皮肤,可帅气了。我不由地称赞:"好漂亮的毛衣,还有个可爱的史努比呢,摸上去也柔柔软软的,真舒服。小城,这件毛衣是谁给你买的呀?"

"我妈妈给我买的。"他的口气里充满着骄傲。

"你妈妈真是好眼光,给你挑选了这么别致、这么漂亮的毛衣,穿在你身上很合适、很神气哦。"

听着我的夸奖,小城更神气了。"哼!"他左顾右盼,冲着围观的同学挤眉弄眼。

我假装不见:"小城,妈妈买的毛衣,穿在身上一定很暖和吧?"

"当然啰!"他不无得意。

"让老师也来感受一下毛衣的温暖气息,好吗?"凑近他的毛衣,我深深地嗅了嗅:"嗯,很暖和,是太阳的味道;很温馨,是妈妈的味道……"停了一下,我惊奇地叫起来:"啊,还有一种特别的芳香,是浓浓的牛奶香味哎!"

一听我的话,小城的脸唰的一下红了。

"真的,好香好香的牛奶味道啊!同学们,你们来闻闻看。"

孩子们一个一个凑近了小城,细细地闻着小城毛衣上的气息。

"老师,是有牛奶的香味!"

"小城,你的毛衣真的好香啊!"

"小城,不信你自己闻闻。"……孩子们你一言我一语,团团包围着小城。

小城也忍不住低下头,深深地嗅着毛衣上的味道。

"滴滴香浓,意犹未尽。牛奶味是最醇最香的味道。小城,你闻到香香的牛奶味了吗?"我微笑着看着他,俏皮地问。

小城不好意思地笑了……

4. 享受纯粹的快乐和自由

我们很难去查实验证,一个孩子在长久的管束之中丧失了什么。

看着手中的教鞭,我不由想起了牧羊人的鞭子。牧羊人的鞭子轻轻一挥,羊群争先恐后地涌出羊圈,奔向自由的天地。蓝蓝的天空上白云悠悠,青青的草地上羊群悠悠,手持羊鞭的牧羊人歌声悠悠,好一个悠闲自在的境界。

我们的孩子呢?看着眼前这些循规蹈矩的孩子,我有些悲哀。我们的孩子，从开始上学的那天起，就要学会怎么正襟危坐，怎么安静听课，怎么举手发言，怎么不出声地吃饭，怎么规规矩矩地排队走路。上课时手平放、胸挺直、头抬高更成为固定的听课姿势。"无规矩不成方圆"。规矩也因此成了孩子学习的前提。我们很难去查实验证，一个孩子在长久的管束之中丧失了什么。

记忆中一直忘不了那场雪。当入冬以来的第一场雪飘飘悠悠地从天而降时，校园里霎时沸腾了，孩子们奔跑着，甚至跪着，用自己的手和脸虔诚地迎接飞舞的小雪花。正当孩子们沉浸在激动之中时，广播里传来了学校的紧急通知："各位同学请注意，请大家到教室的走廊内看雪，以免受凉感冒。"操场上一片哗然，我看到孩子们脸上绽开的笑容冻结了。孩子们一边嘟囔着，一边往回走。站在走廊里，和小雪花隔得远远的，孩子们再也提不起劲儿来，最后无可奈何地回了教室。毕竟，这是入冬以来的第一场雪啊！毕竟对这些孩子来说，雪都快成为难得一见的奇观了啊！坐在教室里的孩子们看着书、练着字，心神不定，他们的心还在伴着雪花飞舞。我果断地一挥手说："孩子们，走，咱们玩雪去！""真的？"这些六年级的孩子有些迟疑，他们没忘记自己已是六年级了，还有毕业考试等待着他们。"还愣着干吗？快走啊！"我一声令下，孩子们一片欢呼。雪地里，孩子们尽情地拥抱着、亲吻着可爱的小雪花，那种欢欣让我动容。

事后，孩子们悄悄对我说，"钱老师，你真好。"听了这话，我没有感到欣喜，我只是觉得我们剥夺了孩子们太多的权利和自由，属于他们真正的时间和空间实在太少了，我们怎么能把这送上门来的让他们拥抱大自然的机会拒之门外呢？我们的教育要培养的不是温室里的花朵啊！我想起了中日孩子在夏令营中的较量，中国孩子的胆怯懦弱、娇生惯养、缺乏生存能力和意志力等弱点暴露无遗，这是否与我们一贯小心翼翼战战兢兢的护卫有关呢？怕他们受冷，怕饿着他们，怕摔着他们，怕伤了他们，于是把他们裹着、暖着、护着、哄着……我叹了口气，我想我只是在放牧啊。

记得有一次，学校组织孩子们去梅园游玩。临行前，我听到老师们对孩子千叮咛万嘱咐：不准擅自行动，一切行动听指挥；不准大声喧哗，举止谈吐要大方；不要追逐奔跑，以免发生安全事故……孩子的眼睛马上黯淡了下来。这么难得的一次机会，老师们还要给孩子们念上这么多遍的"紧箍咒"，真的是很让孩子们扫兴。我不知道，牧羊人在放牧羊群的时候，是不是也要百般规定羊儿该吃多少草、什么草不能吃、什么草要多吃一些。

那天一进梅园，我班的孩子像脱缰的马儿直奔生态乐园。这时的孩子是我在课堂上不能看见的另外一种样子。我想，只有在大自然面前，我们才能看到孩子们的天性是如此的活泼。一整天，在我的带领下，孩子们玩攀岩、吊环、钻圈、滑梯、荡绳，甚至脱下鞋袜下水捉螃蟹、捉小虾，弄得满身是水，还大喊过瘾。生性胆小的我竟然还跟着男孩子们一起去攀岩，此等"壮举"感动了男孩子们，我成为了男孩子们心目中的"女神"。这还不算，看到孩子们下小溪，我也蠢蠢欲动，跟着去捉小鱼、捉小虾，玩得不亦乐乎。看到我加盟，孩子们玩得更尽兴了，还打起了水仗。到集合的时候，好多孩子都是提着袜子、卷着裤管来到集合地点的。

活动结束时，有老师对我说："你们班孩子简直玩疯了。"我听了，呵呵一笑，说："我也玩疯了呢！"孩子嘛，不爱玩不会玩哪叫孩子呀！对孩子来讲，玩耍本身就应该是件痛快的事。爱玩没有错，会玩也是孩子的一种能力，很多的发明创造不就是从玩中得到启迪的吗？如果有一天，我们的孩子连玩都不会了，那不是教育的悲哀吗？

回校的路上，我班的孩子个个喜气洋洋，但我也看到有些班的孩子哭丧着脸，嘟囔着说一直排着整齐的队伍跟在老师身后走，什么都没玩到，还要写作文，唉，这春游真没意思！是啊，如果春游的最终目的只是为了写篇作文，如果自由和快乐有了负担，那快乐还有什么意思呢？我班的孩子机敏得很，马上问我："钱老师，我们要不要写作文啊？"我轻轻地一摇头，孩子们这个乐呀，欢呼声和掌声都快把我抬起来了。

好心的同事替我着急，他说："你这样放任孩子，行吗？马上要毕业考试了啊？"他的担心不无道理。在全校所有的班级中，我班孩子的爱玩是出了名的，我班孩子的"自由散漫"也是出了名的。当别班的老师和学生在埋头紧张地复习时，我班孩子们却在绿茵场上大汗淋漓地踢足球，我还有模有样地担任了他们的裁判；当别班的自习课一片寂静时，只有我班孩子们三五成群，看书、下围棋、听音乐、争论、谈笑……我坚信我是对的，我也相信孩子们。

毕业考试成绩揭晓，我班的语文、数学、英语三门课的成绩均在年级组名列前茅。

在最后告别校园时，我班的孩子们哭得最凶……看着一双双红肿的眼睛，我意识到，这一次，我是真的要放牧我的羊群了……我不由得泪如泉涌。

5.我们创办报纸啦！

所有的孩子都不约而同，双手捧着报纸，如获至宝，小心翼翼，甚至战战兢兢。看着他们虔诚恭敬的样子，我很动容。

转眼已是六年级，面临毕业，孩子们的童年生活像一本精美的画册，即将徐徐合上。还需要在色彩斑斓的画卷上增添一些什么呢？我一直在思索。

一个大胆的念头在我脑海浮现：办一份报纸，办一份属于孩子们的体现六（5）班班级特色、彰显六（5）班班级文化的报纸！就像上海的《小主人报》那样，完全由孩子们自由采访、自己组稿、自主编辑的报纸！

我为自己的班主任工作找到了新的方向而激动万分。孩子们的反应会如何呢？当我将这个想法告知他们，立刻引来孩子们的热烈欢呼，他们说："钱老师，你的这个创意真是高大上啊！我们给你点一百个赞！"

我当机立断，召开了中队干部会议，具体阐述了我的想法，也将我的办报思路一一罗列，但我强调一个原则：这份报纸，由孩子们做主角，作为班主任的我退居幕后，担任"顾问"角色。孩子们信心十足。

经过充分的准备，在班长小唐的主持下，孩子们举行了一次"新闻发布

会"——相当于"招聘会",目的为了诚聘精英、广招贤才。"新闻发布会"还进行了"广而告之":

这里是文字的舞台,也是你的舞台。

如果你喜欢,喜欢与文字畅谈,喜欢与文字共舞,喜欢文字带给你的快乐与感动、充实与满足,喜欢与文字一起创造一个属于你的世界;

如果你喜欢,喜欢静静地在日记本上书写、在键盘上敲击,记录那些已经远离的、正在经历的、我们共同相守相知的难忘岁月……

那么,你还等什么?赶快加入我们吧,同文字一道,做一次又一次的快乐旅行!

广告语是班级里的小才女小可撰写的,诗一般的语言在孩子们心中激起了浪花。

班长宣读了"招聘条件",我一听,蛮有意思的:

文字在呼唤你,我们也在找寻你——充满热情、善于发现美的你,热爱阅读、拥有妙笔生花的你,懂得分享,愿意为他人付出的你。

招聘语里求真向善爱美,兼而有之,孩子们真不简单!招聘岗位不多,只有社长、主编、记者、编辑、校对等十余人,但孩子们争先恐后,参与热情可高了。

"新闻发布会"的最后两个环节是"群策群力"和"献计献策",孩子们给报纸取名字、定栏目。给报纸起的名字五花八门,一个孩子脱口而出:"就叫《省锡中实验报》吧。"话音未落,就有孩子插嘴:"《省锡中实验报》一听就是校报的名字,我们办的是班级报纸,应该突出我们的班级,这个名字不合适。"小权同学说:"我们无锡有《江南晚报》《无锡日报》,不如我们的报纸就叫《六(5)日报》或者《六(5)晚报》吧!"小缪同学马上站起来投反对票:"日报和晚报每天都要发行,我们能做得到吗?"大家一听,觉得很有道理。小缪又说:"《六(5)日报》和《六(5)晚报》这两个名字都太直白了,没有新意,也没有创意,体现不出我们的班级特色。"小家伙说得头头是道,孩子们叹服。

我接着说道:"我们的这份报纸将由无锡市凌志教育簿本厂负责承印,彩色印刷。我们的报纸发行也将推广到全校范围甚至更广阔的空间,我们的读者群可是不可估量的哦!"

"哇,这么牛啊!"孩子们惊讶地大叫。

大刘同学站起来,很激动地说:"那我们的报纸就叫《钱碧玉报》吧,够高大上、华丽丽的了吧。"

教室里笑成一片,我也笑个不停。他怎么想出来的呀!更好笑的是竟然有很多孩子附和,不停地点头叫好。小胖同学用他一贯夸张的腔调,眉飞色舞地说:"对对对,这个名字取得好,太太太高大上了!"教室里又是一阵哄笑。

结果可想而知,我一票否决。孩子们唉声叹气。

有个孩子忽然受到了启发,脱口而出:"我们班不是叫QQ中队吗?干脆叫《QQ中队报》吧。"这个提议不错,孩子们赞成。

另一个孩子则建议:"我们班这学期被评为了'无锡市魅力中队',这是属于我们的独一无二的荣誉,我们就将报纸命名为《魅力中队报》吧。"

掌声响了起来。铭记这一荣誉,体现六(5)班的特色,《魅力中队报》,就这么定了!

给报纸拟定栏目,孩子们可谓煞费苦心。最终,《班级大事记》《榜上有名》《小荷才露》《班主任博客》《宿舍掠影》《微公益》《快乐大本营》《健康小常识》《放眼世界》《好书大推荐》《英语大世界》《智力大冲浪》等12个栏目脱颖而出。看着这些带着孩子们思想印迹的栏目如一个个跳跃的音符从孩子们的口中喊出,我异常欣喜。它们仿佛是春天枝丫上的一个个小花蕾,清新单纯,惹人怜爱,它们更是不甘示弱的新生力量,一心向着阳光、向着温暖、向着春天进发。

根据孩子们的申请和递交的应聘材料,我们从中挑选了 15 名同学组成了"小荷文学社",负责《魅力中队报》的采稿、编辑任务,并召开了第一次预备会议。本着"自己办报,自我成长"的原则,孩子们充分发扬民主和自主意识,推选出了报社的社长、副社长、主编等,明确了各自的岗位职责及办报风格。

2014 年 12 月 5 日,"小荷文学社"暨《魅力中队报》报社成立了!成立大会上,班长代表全班同学致贺辞,报社社长小魏同学和主编小荣同学大大方方登台,代表报社主创人员发言,介绍报社的具体分工、日常工作,畅谈办报愿景,并在发言中欢迎同学们提供稿件、提建议出点子,共同将报纸办好。两个孩子一改往日斯斯文文、安静羞涩的模样,话语流利,表述清晰,非常老练。台下孩子们流露出惊讶和敬佩的目光,我也暗暗称奇。孩子的成长仿佛就是一下子的事,无声无息间忽然就如笋芽儿般茁壮挺立了。

记者代表小谢同学也向大家表了决心:做好小记者的本职工作,积极采访,认真撰稿,不负记者的使命。

在喜洋洋的音乐声中,作为报社顾问的我做了总结性的发言,并向报社的社长、主编颁发了聘书,社长和主编又向责任编辑和小记者们颁发了聘书。

初生牛犊不怕虎。在接下来的时间里,孩子们煞有其事地召开组稿会议,有模有样地进行采稿撰稿、编辑审核、校对汇总工作。仅用了半个月的时间,第一期《魅力中队报》的组稿任务就全部完成了。孩子们兴奋极了。

在无锡市凌志教育簿本厂的全力支持下,第一期《魅力中队报》很快就印刷出来了。发放报纸的那天——12 月 31 日,2014 年的最后一天。我特意选择了这样一个日子——完美的结束,美好的开始。六(5)班的教室里就像过新年一般,喜气洋洋。

光滑闪亮的铜版纸面,美观精致的版面设计,鲜艳明丽的色彩,精彩纷呈的栏目……照片上的每一个孩子都洋溢着最美的笑容……

不用我多说,孩子们自觉地排着整齐的队伍,挨个儿来拿报纸。所有的孩子都不约而同,双手捧着报纸,如获至宝,小心翼翼,甚至战战兢兢。看着他们虔诚恭敬的样子，我很动容。

一张张崭新的报纸平放在课桌上，孩子们凝神专注。穿梭在课桌之间，看着孩子们生动的脸庞，嗅着教室里散发出来的油墨气息，我感到从未有过的满足。

新年的钟声已然敲响，春天的脚步向我们走来。

6. 细细的爱

我惊讶，一个细微的动作居然会有如此强烈的感触。孩子的内心春意盎然，仅仅缘于老师一个细小的也可能是下意识的举动。

临睡前，儿子忽然悄悄地倚靠着我，对我耳语："妈妈，我告诉你一个秘密。"

一向行事大大咧咧的儿子竟然还有秘密？我有些好奇。

"我觉得我们老师很喜欢我。"儿子一本正经地说。

我转头看他："是老师对你说的？"

"不是，是我自己感觉到的。"他摇头晃脑，好不得意。

感觉？有意思！我来了兴致："那好，说说你的感觉。"

"我发现每次上课前，老师总是喜欢让我帮他做事情，你说这是不是表示老师喜欢我呢？"儿子故意压低了声音，做神神秘秘状。

我心里暗笑他幼稚，便随口一句："就为这事呀？不会吧？"

他急红了脸："骗你是小狗！那你倒是说说看，班级里有那么多同学，为什么老师不喊别的同学，偏偏每次都喊我呢？这不是喜欢我是什么？"儿子理直气壮地说。

我笑了，抚摸着他的头说："对，你的感觉很对，老师的确很喜欢你哦。"

这下，他又神气了："每次做完事，老师也会像你一样摸摸我的头呢！"

孩子兴奋的话语里满是甜味儿。

我惊讶，一个细微的动作居然会有如此强烈的感触。孩子的内心春意盎然，仅仅缘于老师一个细小的也可能是下意识的举动。但我不能不信，只是一个简单的动作，只是一句"来，帮老师去办公室拿支红笔"之类极为平常的话，竟有一种神奇的潜移默化的力量，让孩子如此珍藏着，并且在反复的咀嚼回味中被解读成醉心的温暖、甜蜜和幸福。

爱，原来可以诠释得这样简单！爱，原来可以演绎得如此丰富！

于是——

早晨遇见班里的"含羞草"小月，我会微笑着主动迎上前去向她问候，由衷地夸上几句："小月，你今天穿得真漂亮！""看你今天多精神！"小月羞涩地冲我一笑，我不失时机地搂着她的肩膀一同走进教室。

看到生病刚回校的小辉课间还在紧张地赶着未完成的作业，我很自然地站起身倒了一杯水，递到他手里："小辉，注意身体，别累着了。""谢谢老师！"回报我的又是一个甜甜的微笑，我不由伸手拍拍他可爱的小脸蛋。

操场上，小霞低垂着头，闷闷不乐地独自走着。这小女生又在想啥心事呀？于是，我踮起脚，轻轻走到了她身后，猛一下蒙住了她的双眼。"猜猜看，我是谁？"我改变了嗓音。她思索了好半天，无奈地摇摇头。"我悄悄蒙上你的眼睛，让你猜猜我是谁？"一听到熟悉的声音，她马上惊喜地叫起来："钱老师？！"她眉宇间的阴霾顿时消散了……

刚上完体育课的"调皮鬼"小叶满头大汗地跑上楼来，脚底一滑，摔倒了，我急忙奔过去，撩起他的衣袖一看，蹭破皮了，我有些紧张："疼吗？要不要紧？老师陪你去医务室看看吧？"见他不答话，我有些诧异。抬头，见他脸上笑嘻嘻的："老师，你真好！"

在孩子看来，老师一个赞许的微笑，传递着多么深沉的情意；一声诚挚的问候，表达了多少爱的心声；一次倾心的交谈，打动多少幼小的心灵。细细的爱犹如柔柔的雨，悄无声息，滋润着孩子纯真敏感的心田。于是，老师的微笑使孩子周身弥漫着幸福的味道，老师一句真诚的赞美被孩子牢记，成为生命化蛹为蝶的惊喜,老师一个传情的眼神在孩子内心深处蔓延开来,成为生命本质的花香……

细细的爱,让我学会了不空泛地去关注某一个孩子。关注某一个孩子,就必须关注他的快乐、幸福、伤悲、委屈,关注他耷拉着的小脑袋、被撞得青紫的膝盖,关注他红着脸说谎话、流着泪不吭声……

细细的爱,教我学会了必须真诚地去关爱每一个孩子。关爱每一个孩子,就必须爱每一个长相可人的孩子,更爱每一个容貌平平的孩子;爱每一个口齿伶俐的孩子,更爱每一个不善言辞的孩子;爱每一个心高气傲的孩子,更爱每一个胆小怯弱的孩子……

细细的爱,使我的声音柔和、目光柔和、面容柔和、心灵柔和了。因为柔和,我的生命如此生动与美丽。

7. 童年,不同样

或许对于我和家长们来说,每日匆忙行走,已经鲜少有宁静的时刻去怀想遥远的童年。心灵最初的那些透明和率真已在记忆里蒙灰。

(1) 童年,在每个人的记忆里

我与孩子们一起读林海音的《城南旧事》一书。其中的《惠安馆》《我们看海去》《兰姨娘》《驴打滚儿》《爸爸的花儿落了》《冬阳·童年·骆驼队》,仿佛是一幅一幅的画,弥漫着纤美而忧伤的诗意,却又像老北京的阳光那样,弥久恒馨。

"爸爸的花儿落了,我也不再是小孩子。"小英子长大了,我们也在合上书的那一刻记起了自己的纯真岁月。

读着小英子的童年故事,孩子们感叹自己的童年;我也想起了我的童年时光。那些远去的似乎已经模糊了的记忆,一旦忆及,却如发生在昨日一般清晰。

童年，不同样。或许，从不同样的童年中，孩子们会触摸到什么。于是，我设计了一张作业纸，布置了一份"亲子作业"。8开的纸页，题头引用了冰心的诗："童年呵，是梦中的真，是真中的梦，是回忆时含泪的微笑。"作业分为两大部分：第一、听爸妈讲那过去的事情；第二、晒晒我的童年故事。

布置作业时，我狠狠地"煽动"了一番孩子们的情绪。作业优秀者的爸爸妈妈将会作为"特邀嘉宾"，被邀请至班级做讲座，并参加中队活动做"亲子表演"，听到这里时，孩子们激动得坐不住了。

"花落谁家呢？钱老师拭目以待！"

周日，翻看孩子们的作业。一份份作业，从未有过的认真，从未有过的细致。从字里行间，我看到了家长回忆童年时光的动情与感慨，孩子们沉醉于童年生活的甜蜜与快乐。童年不同样，同样是简单澄澈明净如清水一般的日子，回忆却是如此的不同。或许对于我和家长们来说，每日匆忙行走，已经鲜少有宁静的时刻去怀想遥远的童年。心灵最初的那些透明和率真已在记忆里蒙灰。直到面前有这样的一份作业，跟孩子们聊一聊童年，于是，忽然之间想起了那个曾经鲜活跳跃、调皮捣蛋、耍赖贪玩的自己，那些昔日贫穷简单有趣，现在想来却是温暖富有的快乐日子。

从家长的文字中，我看到了对时光的追忆，对岁月的留恋，对童年的怗念。这一份情感，这一种情怀，正是物质丰厚时代的孩子们所需要的。于是，我向家长们发出了邀请，恳请他们在百忙之中抽空前来为孩子们做讲座。在几易其稿之后，我与家长们商议确定了讲座的主题——《童年不同样》。

（2）童年，在纯粹的大自然里

家长们走上讲台，教室里响起了雷鸣般的掌声。孩子们的掌声热烈，真诚。黑板上早已写好了"热烈欢迎"的标语。两位小主持人恭敬而真诚地朗读着欢迎辞。班长小臻代表全班同学，给家长们佩戴鲜艳的红领巾，三位家长红光满面，仿佛回到了童年时代。为了铭记这一难忘的时刻，我特地安排三个孩子给自己的爸爸妈妈献花。花儿芬芳，家长孩子互相凝视，深情拥抱。

掌声再次响起,家长们依次上台,深情地回忆起自己的童年生活。那些遥远尘封的故事夹杂着青草泥土的气息。

小李妈妈说:

我们的童年,没有电视、没有计算机、没有玩具,更没有牛排、肯德基、麦当劳,但我们有青青的小草、五颜六色的野花、黑黑的泥土;我们有春风、雨滴、艳阳、雪花作为道具;我们有村上的小伙伴陪伴,有美丽的大自然陪伴,我们同样把童年过得有声有色,乐趣无穷……

她的声音如三月的和风,充满温情。跟着小李妈妈,孩子们仿佛穿梭在四季的田野。春天,女孩子们在菜花地里玩捉迷藏、过家家,男孩子们在青草地上拿着自制的小木枪发起争夺革命根据地的战斗。夏天,村前的小河就是天然的游泳池,小伙伴们在河里比赛游泳,在河边钓鱼、捉螃蟹、摸河蚌、捕螺蛳、泼水嬉戏,玩得不亦乐乎。秋天,大人们在田间收割稻子,小孩子们提着竹篮拾稻穗,溜到红薯地刨红薯,爬上枣树摘枣。冬天,滚雪球、堆雪人、打雪仗,雪地是小伙伴们自由的王国……孩子们听得呆了,这样自由自在、蓬勃生长的童年生活,他们可曾拥有过?现在的孩子有着太多的"不可以"、太多的"不能够",他们的童年是种植在温室里的小花朵,多么渴望酣畅淋漓地呼吸大自然的气息,多么向往这样的海阔天空,多么憧憬这样洒脱无拘的童年!孩子们听得意犹未尽,目光中满是掩不住的惊诧和羡慕。

(3)童年,在物质匮乏的年代里

小荣的爸爸是名光荣的人民警察,出生在太行山深处的一个偏僻贫穷的小山村。我曾经多次与他交流过,知道他的人生经历,也钦佩他的奋斗精神。此刻,他站在讲台前,回眸自己的童年往事,无限感慨。

小荣爸爸的普通话并不标准,带着明显的家乡口音。他的语言表达也不华丽不生动,朴素直白得像跟孩子聊家常一般,但孩子们一个个坐得直直的,小脸绷得紧紧的，屏息凝神，侧耳倾听。太行山，距离孩子们多么遥远，他们无法想象那样的生活：穿的都是自制的粗布衣服，弟弟妹妹们穿的竟然是哥哥姐姐们因为个子长高无法再穿的、打满了补丁的破旧衣服；一年四季吃的是玉米、小米、高粱、豆子等杂粮，菜只有土豆、萝卜和用白菜叶子做的酸菜，鸡鸭鱼肉只在过年的时候才能吃到，有些家庭甚至过年时也没钱买鱼买肉；住的是又矮又破的瓦房，父母和孩子们挤在一个房间里，睡在同一张土炕上；上学靠的是两条稚嫩的腿，每天天不亮就起床出发，步行十几里路到学校上学，玉米面和窝窝头是午餐……这样的童年，是眼前这些穿着名牌服装，吃着肯德基，住在高楼大厦，出门就坐汽车的孩子所不了解、不熟悉的。那是一个多么不一样的童年啊！教室里很安静，孩子们内心柔软的一角被触动了……

小荣爸爸的讲话还在继续：

正因为物质生活非常匮乏，所以那个时候的孩子们很早就懂得了只有读书才有出路、只有读书才能改变命运的道理。我们读书都非常刻苦。尽管上学时背的是妈妈用粗布做的书包，作业本也是用几分钱买的大白纸裁成小纸做的，但孩子们把它当作宝贝，纸的正反两面都密密麻麻写满了作业。铅笔往往是用到手指都抓不住了还在使用。一支圆珠笔或钢笔、一本《儿童文学》《少年文艺》等刊物，更是稀罕物了。记得第一次得到了一本《儿童文学》，我如获至宝、爱不释手，躲在被窝里把它看完了才安心睡觉，而且我反反复复看了很多遍，书中的每一个细节都记得清清楚楚……

教室里发出了议论声，听不清孩子们在说些什么。但我意识到，孩子们的心中有了别样的感触。是呀，在孩子们看来，一张纸、一支笔、一本书，多么微不足道，有谁在乎过？教室的讲台上，哪天不是橡皮、铅笔、尺子等文具用品堆得满满当当却无人认领？崭新的书丢弃不可惜，心爱的足球遗失不可惜，昂贵的物品损坏不可惜。因为丢了还可以再去买，要花钱可以问父母要,而父母是怎么挣钱的,孩子们想到过吗,理解过吗?在"饭来张口,衣来伸手""应有尽有"环境中长大的孩子,心里还有"来之不易",还有"珍惜"的观念吗?此刻,让孩子们走进另外一种童年,了解另外一种生活,听听另外一种声音,或许会让他们对童年、对生活、对自己有不一样的新的认识。

演讲结束,掌声经久不息。孩子们纷纷涌至台前,像追星族一样,大呼着索要签名,跟家长合影留念。

童年,不同样。每个人的童年都是一朵花,永不凋谢地绽放于生命的最初。让我欣慰的是,今天的讲座用另一种形式、另一种姿态,在孩子们人生的最初,孕育了一颗别样的种子。

8. 总得有人去擦星星

读完他的日记,我乐了:好可爱的孩子!他的可爱就在于他的身上有孩子的天真和童趣。这样的一种天真,真的难能可贵。作为老师,不是应该好好地呵护吗?

(1)真逗!

军训的时候,我就注意到了这个孩子。

教官喊口令的时候,他嘴角含着稍带狡黠的笑容,故意使坏。一眼望过去整齐的动作中,只有他的动作是和别的孩子相反的,特别突兀。教官耐心地纠正了好几次,可他一站到队伍里,马上又"犯傻"。教官气得干瞪眼,只好罚他出列。

我觉得有趣,悄悄问他:"教官的口令你能听懂吗?"他点点头。

我又问:"口令能听懂,相应的动作你会做吗?"他又点点头。

这时,教官也走了过来,指着他大声问:"你觉得你很特别吗?"

见一向好脾气的教官生气了，他忽然睁大了眼睛，一脸无辜的样子对教官很认真地也很大声地回答："不是！"

我禁不住偷偷掩嘴笑起来。这是个特别的孩子。

对于生活和学习，他似乎还没有形成一定的"习惯"，也不知道"规矩"。

寄宿生活开始没多久，生活老师便向我反映，早晨起床，他没有刷牙洗脸的习惯。于是，我每天叮嘱他刷牙洗脸，讲究个人卫生。有时，甚至要他张开嘴巴，检查他的牙齿是否闪亮洁白。

他并不抗拒，笑嘻嘻地对我说："老师，我今天刷牙了，你看我的牙齿多白呀！"他故意将嘴巴张得老大，显摆他的一口牙，等着我的表扬。

看着他的满口黄牙，我笑了，逗他："哪儿呀，还是满口黄牙！"

一听这话，他马上将张大的嘴巴闭得紧紧的，露出一脸惊讶的表情："真的吗？我今天不是刷过牙了吗？怎么还会是满口黄牙呢？"他摸着后脑勺，似想不通，又似在自言自语："嗯，看来我刷牙的力度还不够，晚上回宿舍我得好好刷刷，连刷三遍，牙齿一定雪白雪白的。"

呵呵，这孩子，真逗！

每天早晨，一看他的衣着打扮，我又忍不住叹气。校服没穿，红领巾不戴，胸卡也不见了。用孩子们的话说，完全是个"三无"学生。

我提醒他，他就摸着脑袋，愣一会儿，似乎很快又想到了什么，赶忙弯腰在课桌里摸索。过了一会儿，一件团得皱巴巴的校服被拉出来了；紧接着，一条脏兮兮的红领巾带着胸卡掉了出来。在众目睽睽之下，他动作极快，校服往身上一套，红领巾一拉一扯，马上穿戴完毕。做完这一切，他的脸上又挂起了招牌式的微笑，用近乎讨好的口吻说："老师，这下可以了吧？"

面对着他一脸无邪的笑容，我还能说什么呢？我摸摸他的头，也傻傻地对着他笑。

第一节写字课，我教孩子们使用钢笔。当我在讲台前演示钢笔的正确使用方法时，一个孩子"啊"的一声叫嚷起来，引得孩子们一窝蜂跑了过去。人群中，他高举着双手，一脸尴尬地站了起来。"哇！"孩子们又是一片惊呼。只见他的双手沾满了墨水,黑乎乎的,连脸上嘴巴上都"开了花",惨不忍睹。

"黑手党!黑手党!"孩子们哈哈大笑起来,他竟然也傻呵呵地咧着嘴巴笑了,真是让人又好气又好笑。

我忙不迭地让他拿了洗手液去卫生间洗漱。过了一会儿,他大摇大摆地回来了,举着洗干净的双手,一本正经地说:"老师,这回我不是黑手党了吧?"教室里又是一片哄笑。

在宿舍,他自由随意的天性可以说是发挥到了极致。一会儿钻到床底下;一会儿又爬到上铺去捣乱;有时趁人不备,开关电灯吓唬同学;有时编个鬼故事,吓得全宿舍的孩子都睡不着觉。有一回,学完课文《林冲棒打洪教头》,这下可好了,又有他的"用武之地"了。他和一帮孩子在宿舍里"舞枪弄棒",将扫把、晾衣架都当成了"兵器",一阵打闹,宿舍里的劳动工具惨遭"毁灭"。当然,他也自食其果,后来都进行了相应的赔偿。

一天晚上,我去宿舍巡视,他正坐在床沿上洗脚。他双脚泡在盆子里,双手捧着书,摇头晃脑正看得入神。再一看他的床上,"哇!"我不由得一声惊叫——床上成了个小杂货铺:水杯、纸巾、课外书、衣服、裤子、毛巾、塑料袋、小玩具,还有一些瓶瓶罐罐以及刚脱下来的臭袜子,乱七八糟的东西散落了一床。我打趣道:"你是不是打算开小店卖商品啊?"

他尴尬地一笑,将课外书一扔,说:"老师,对不起啊!"一边说,一边光着脚丫子踩在冰冷的地板上,收拾东西去了……

更有意思的是,我忽然发现他的枕头不见了。问他枕头呢,他笑笑,努努嘴巴,示意我往后瞧。我一看,软绵绵的枕头上竟然枕着他的一双大脚丫!我再一次哭笑不得。

(2)他的世界

他很爱阅读,喜欢看课外书,几乎到了痴迷的地步。每次走过他身边,总会见他侧着身子,跷着二郎腿,头埋得低低的,课外书放在他的大腿上——他看得津津有味。

看书之外的事情便一塌糊涂。课桌上，作业本翻开，只字未动；课本横七竖八，散落一桌；文具盒敞开着，笔、橡皮、小刀之类胡乱放着；几团废纸，几根皮筋，他的课桌上永远是一团糟。

我指名道姓，问他作业写完了吗，他充耳不闻，注意力完全集中在课外书籍中，根本听不到我在说什么。我走到他身边，他依然不觉。他的同桌猛然推推他，他一惊，抬起头来，眯缝着眼睛看着我，像个做错了事情的孩子，等待我发落。

我催促他："还愣着干吗呀，快写作业吧！"

他恍然大悟，摸着后脑勺，嘴里"哦哦"地应着，三下两下将课外书往课桌里一塞，拿起笔刷刷地写起作业来。但只一会儿，等我再去注意他，他的笔杆子停止不动了，课外书又移到了他的作业本旁，他的眼睛一眨不眨地盯着书，看得入了神。没办法，我只能再次指名道姓。他惊醒，恋恋不舍地放下书，慢腾腾地拿起笔，心不在焉地写起作业来。

为此，他没少被同学"举报"，也没少挨老师批评。当我和他妈妈商量，要控制他的阅读时间，只有认真完成作业后才能阅读时，他一句话都没说，眼睛马上红了，随后大颗大颗的眼泪啪嗒啪嗒往下掉。

他爱下棋，班级里下棋水平能与他抗衡的没几个。因此，他观战的时候多，但同学们不欢迎他当观众，因为他常常忍不住要"助人为乐"，让人扫兴。正如他在日记中所写：

今天的活动课上，又有同学在下棋，我便兴致勃勃地前去观棋。同学赶紧警告我说："你不许插嘴！"我满口答应。

棋战开始不一会儿，一位同学便设置了一个"陷阱"，等着对方往里钻呢。我有些着急，心想千万不要上当啊！可另一位同学并没有意识到危险。我很想告诉他，可又想起刚才我的承诺。该怎么办呢？我悄悄地用手指了指，他看了看棋局,恍然大悟。前一位同学不乐意了,眼看"到嘴的鸭子飞了",他埋怨起我来。唉,观棋不语真君子,可我怎么也做不到啊!

读完他的日记,我乐了:好可爱的孩子!他的可爱就在于他的身上有孩子的天真和童趣。这样的一种天真,真的难能可贵。作为老师,不是应该好好地呵护吗?冰心说:让孩子像野花一样自然生长。所以,我要给他的,不是束缚,不是压制,更不是打击和扼杀。

(3)"奇葩"

课堂上,他是一个注意力不集中的孩子。他的听课方式是典型的"一心二用"。他常常一边玩着那些他自认为可爱的"玩意儿",一边毫无顾忌地想说就说,不举手就抢话。

我的教学思路常常被他的"插嘴"打断,但我从不制止。我理解他,那是他的思维火花在闪耀。"插嘴"是他的"灵光闪现",是他"情不自禁"的"脱口而出",甚至是"急中生智"的"智慧结晶"。当着全班同学的面,我常常由衷地赞赏他的"插嘴",赞赏他的"自言自语"。

渐渐地,他像一颗小种子,在赞扬声中骄傲地挺立起来。上语文课成为他最容光焕发的时候。课堂上,他再也不是那个衣着不整、行为邋遢的孩子了,他是孩子们眼中的"一株奇葩",能说会道,善于表达,而且富有奇思妙想。

我毫不吝啬对他的欣赏,也毫不掩饰对他的喜欢,他也由衷地喜欢上了语文课。更让我欣喜的是,那些可爱的"小玩意儿"不再吸引他了,他专注的目光始终追随着我讲课的身影。他爱上了语文课!

他在作文《爱上语文的N个理由》一文中写道:

钱老师的课啊,即使只上一节,你也会被她上课的气质所吸引,她的一举一动都吸引我的视线。她很少让我们死记硬背,而是让我们通过生动的想象来记忆。我发言积极,她会表扬我;我发言错误,她依然会鼓励我;甚至,我插嘴,她也不会当众批评我。当我犯了错误,钱老师从来不会生硬地指责我,而是婉转地提醒我。有这样的老师,我还能不喜欢上语文课吗?

看着外表大大咧咧的他写出这样一番话来,我想我所做的一切,他其实都看在眼里,记在心里,他是懂的。

(4) 星星亮起来

有一回,批改到他的作业本。毫不夸张地说,他的作业本一向令我头疼。字,实在不敢让人恭维。但是他的文章写得不错啊,我给他的"文"打了五星——"★★★★";但"字",只能打两星——"★★"。为了鼓励他,我给他的"字"打了三星——"★★★"。

我刚停笔,转念又想,按规定,"文"与"字"都得到四星——"★★★★",就可以得到一枚"红苹果"印章。对他来讲,要得到一枚红苹果印章多不容易啊!给他一次机会,或许能鼓励他呢。

这么一想,我就又为他的"字"再添加了一颗星。他很聪明,很快就明白了我的意思。他写了一篇日记《四颗星》,记叙自己的感受:

今天,作文本刚发下来,我便迫不及待地打开。文是"四星",而字居然也是"四星"!这让我又惊喜又惊讶。老师怎么会给我的字打了"四星"呢?在我百思不得其解的时候,同学小高在一旁得意地对我说:"看!钱老师给我追加了一颗星。"我无意间看了一下自己的本子,这一看,我看出名堂来了。平常老师打"星"的时候,一般是几颗"星"连在一起的,而我的最后一颗"星",却是和其他三颗"星"分开的。这颗"星"显然是老师后来补上去的。

可是钱老师为什么又给我添加了一颗"星"呢?我想,应该是钱老师为了鼓励我,让我得到一个来之不易的"红苹果"印章吧。也许老师是用这样的一种方式告诉我,你的字一定能写漂亮!如果是这样的话,那我就没有任何理由不认认真真写字了。这添上的一颗"星",时刻提醒我把字写好!

读完此文,我心中欣慰无比。

他一直有个愿望,始终不好意思主动向我提及——当一名光荣的志愿者。

开学后,在志愿者的选举中我推荐了他,将他列入候选人名单中。他激动极了,不停地揉搓着双手,一连问了好几遍:"老师,我真的能当上志愿者?"得到我肯定的回答后,他高兴得连蹦带跳。

我拍着他的肩膀说:"好好表现!"

他"啪"的一个立正,外加一个很标准的敬礼:"Yes,Madam(是,女士)!"

当上了志愿者的他完全像变了一个人:校服穿得整整齐齐,红领巾戴得平平整整,披着鲜红的绶带,站在楼梯口执勤,彬彬有礼又认真负责。

那天我路过,正好遇见他在执勤。我夸赞他很神气,很有志愿者的风范,并提议给他照一张相。他开心极了,手指紧贴着裤缝,站得笔直,笑得灿烂。

他曾经写过一篇文章《奇妙的钱老师》,他在文中写道:

时间过得很快,我做钱老师的学生已经一年了。一年里,我喜欢上了钱老师,我觉得钱老师是个奇妙的老师。上课师生问候时,钱老师总喜欢说"孩子们好",让我倍感亲切。当我进步的时候,钱老师毫不吝啬地当众表扬我;而当我做错事情的时候,钱老师会在尊重我的前提下,婉转地指出我的不足。经过钱老师的帮助,我这块"顽石"也有了进步。我想,钱老师在教书育人时,只会想:不抛弃,不放弃。

读到最后一句,我愣住了。这个孩子的话语简单稚嫩而又令我深思。

总得有人去擦星星
它们看起来灰蒙蒙

总得有人去擦星星

因为那些八哥、海鸥和老鹰

都抱怨星星又旧又生锈

想要个新的我们没有

所以还是带上水桶和抹布

总得有人去擦星星

我相信，星星会亮起来的

9. 我愿意是春风

作为一个老师，能让我的学生看到更遥远的风景，那真是我人生的一大幸事！

用"彬彬有礼、温文尔雅"这两个词语形容他一点都不为过。友善、宽容、大度使他在班级里极具威信，也极有人气。难怪有位同学这样解读他的名字：范——同学们心目中的典范；云——如云般洁白的心灵；超——超越一般人的品质。

云超喜欢阅读。无论什么时候看他，他始终是端坐的姿势，两手捧书，眼睛亮闪闪的，浑然忘却了时间。好多次，同学喊他，他一阵惊愕，继而恍然醒悟。我知道，他将文字读到了心里，文字对他是有吸引力的。同样，他对文字也是有感悟力的。每次读他的作文，我能感受到他从心里面发出来的声音。情动辞发，他的感情随着他的文字飞扬。

那一次，他被推选为"光荣升旗手"，当时他才上四年级。他把这次经历写成了《今天我是升旗手》。文章一气呵成，极具感染力。平时文文弱弱的他竟有这样的澎湃激情！当下我就决定帮他投稿。很快，文章在无锡《江南晚报》上刊登了。当我将刊有文章的报纸递到他手里时，他开心极了，连声说谢谢老师。平生第一次发表了作品，平生第一次拿到了稿费，虽然稿酬不多，但对他来说，心中的喜悦和自豪是无法用金钱来衡量的！

他的作品发表了，开心和自豪的还有他的家人。他妈妈告诉我，他爷爷奶奶都开心得合不拢嘴，激动地拿着报纸，逢人就说，逢人就夸。无疑，这一次的投稿成功让他品尝到了成功的喜悦，激发了他写作的欲望与潜能。

在我的鼓励下，他参加了《江南晚报》的小记者组。成为晚报小记者后，他的写作热情更高了。他积极参与各项外出采风活动，积极参与撰写稿件，写作的才能得到了展现，胆量也得到了锻炼。三年的晚报小记者生涯，是他写作道路上一个重要的转折点。看到他坚持不懈地努力与付出，我推荐他去参加《江南晚报》举办的"十佳小记者"的评选。接到这个光荣而又艰巨的任务，他迟疑了，有些胆怯地问我："钱老师，我能行吗？"我拍着他的肩膀，笑着对他说："怎么不行？一定能行！如果不行，那对你也是一次锻炼！"他听后，消除了心中的顾虑，一下有了信心："钱老师，听你的话，我去试试！""对，去试试，勇敢地去展示自己！努力过了，就没有遗憾！"他笑了。

想想，他的担心也是正常的。整个无锡市有数以千计的晚报小记者，要评上"十佳"的确不易，难怪他有心理压力。与他的妈妈交流此事时，我谈了我的看法："看淡结果，注重过程。对于云超来讲，他身上唯一的不足就是胆子太小、魄力不够，有才能不敢轻易展示。要提供一个舞台，让他到更广阔的天地去锤炼自己。"云超妈妈很赞同我的想法，极力配合我。

看着他一关一关地闯过去，真的很不容易，从制作个人网页，到网上公开投票；从阶段排名到进入初赛、复赛名单，之后便是通过面试和现场作文的选拔，进入最后决赛。每一关，我都精心对他进行指导，耐心指点，生怕有一点闪失。他妈妈更是毫不懈怠，全心投入。可以毫不夸张地说，这是作为老师的我与家长合作最成功的范例。

当喜悦的消息传来，他当选为无锡市"十佳小记者"时，我激动得难以自持。小家伙倒是很淡定，竟然对我说："钱老师，这都是您的功劳。"

领完奖回来,他送给我一张领奖时拍的照片。照片上的他手捧奖状,笑得很羞涩。他妈妈特地拿来一张报纸,报纸上刊有"十佳小记者"的照片以及简介,我一眼就看到了云超。云超妈妈对我说:"钱老师,这张报纸您留着。这中间有您太多的付出,请您留作纪念。"

我郑重地收下了。这是一个孩子的成长记录。

他是能够让我一眼看到底的孩子。与他交流,他总是默默聆听,微微点头,明白你的心意,懂得你对他的期望,之后不忘表示谢意。这样一个知书达理的孩子,很难让人不喜欢。

有一次秋游去常州恐龙园。午餐过后,孩子们坐着休息。他忽然起了玩心,一手撑着脑袋,一手搭在腿上,像一尊卧佛横卧在了石凳上。大伙儿见状,起哄似的大喊:"睡美人!睡美人!"我看见了,便说:"让我和睡美人一起合个影。"我站在他身后,一手搭着他的肩膀,一手轻轻搭在他的腰间,笑得直不起腰,用他的话说就是"笑得像一朵花似的"。这时,镜头一亮,一张很有意思的照片,这温馨的一刻便被记录了下来。以后遇到外出活动,他便会笑嘻嘻地问一句:"钱老师,您还记得那张照片吗?您是否想再来一张呢?我想您一定会同意的吧!"呵呵,我当然同意!翻开我的相册,和孩子们相依相偎的照片中,总有他和我在一起的快乐身影。这些照片、这份情感满满地堆积在我和他的心头。

他一直称自己是个不善于表白的木讷的孩子,但我知道,他的心里始终流淌着一脉温情。他的文章是最好的表达方式。毕业前夕,他写下一篇文章《哦,钱老师!》:

四年级时,我站在光荣的升旗台上,思绪万千,我第一个想到的人就是钱老师您;五年级时,我站在《江南晚报》社的领奖台前,我想到的人还是钱老师您哪!当我拿到获奖证书,我真想把它奉献给您。如果不是您的谆谆教诲,哪有我今天的荣誉!

钱老师,我要告诉您几个我不爱您的理由:直到两条平行线可以相交,我才不爱您；直到垂直线段不是最短，我才不爱您；直到平行四边形是轴对称图形，我才不爱您。

……

小学毕业后的暑假，妈妈陪着云超远赴北京参加"为学杯"全国中小学生现场作文大赛。正当我焦急等待消息的时候，云超妈妈发来了信息，说云超得了"为学杯"全国中小学生作文大赛一等奖！著名诗人汪国真为云超颁奖时，问云超最想感谢的人是谁，云超回答：我最想感谢的人是我的班主任钱老师。

作为一个老师，能让我的学生看到更遥远的风景，那真是我人生的一大幸事！

我愿意是春风，放飞理想的风筝！

10. 我是个长大了的孩子

爱心和童心，是教师能够在孩子的天空中得以飞翔的翅膀。

每回站在讲台前，我总有一种感觉——不应该设立讲台。潜意识里，高而宽的讲台仿佛是一道有形的屏障，无形地拦在我和学生之间。虽然讲台与课桌只有一步之遥，但从一双双怯生生的眼睛中，我读到的"距离"何止一步之遥？

陶行知先生说，我们必得会变成小孩子，才配做小孩子的先生。放下身份，走下讲台，蹲下身子，走近孩子，融入孩子，师生就是可以牵手的同伴、可以信赖的朋友、可以依靠的家人。那些天，只要一有时间，我就和孩子们坐在一起，与他们聊天、说笑话、讲故事、做游戏，谈喜欢的明星歌星，谈自己的求学经历，也讲自己曾经出过的洋相、流过的眼泪、留下的遗憾。

记得那次与孩子们一起玩"老鹰抓小鸡"的游戏，脚穿高跟鞋的我东奔西跑，怎么也抓不住一只只东躲西藏的机灵的小鸡。我便脱下高跟鞋，向一个孩子借了双运动鞋。身着花裙子的我，脚下却不伦不类地穿着一双运动鞋，孩子们惊讶地看着我奔跑追逐，不一会儿，就把惊慌失措的小鸡们统统"俘虏"了，我开心地大笑。"老师，你像个大孩子！"

是的，我是个大孩子。与孩子们在一起，我不愿被他们视作高高在上的老师。我愿意回归童心，在童心世界里畅游。春天，我带着孩子们去爬山、郊游、野炊、骑自行车探险。一路欢歌，走到哪里，哪里有我们的欢声笑语。惠山脚下，留下了我们的足迹；郊外田野，我们演奏过欢快的"锅碗瓢盆交响曲"；环山公路上，我和孩子们迎着拂面的春风，并排骑着自行车，在欢唱中滑行。我好像又回到刚学会骑车的那个年龄，回到与孩子们同样的青春岁月，那样兴奋，那样快活。我喜欢这样的时光，沐浴着一路春风，欣赏着一路风景。冬天，我把课堂搬到了雪地里。"北国风光，千里冰封，万里雪飘……"我和孩子们在雪地里指点江山，激扬文字，追逐嬉闹，堆雪人，掷雪球。被扔得满身是雪，抱头鼠窜，狼狈不堪，我依然开心快乐。雪仗结束，我和孩子们仰面朝天躺在雪地上，闭着眼睛感受漫天飞絮飘落的感觉。雪中的时光可以如此单纯安宁，所有的记忆仿佛就在这一刻凝固。

记得有一年暑假，孩子们约我去爬山。大热的天，我不假思索，戴着遮阳帽、骑着自行车就跟孩子们出发了。我们骑了很多弯路才到达目的地。上了山，我建议：不走台阶，另辟捷径。这一提议得到孩子们的赞同。于是，我们闹闹嚷嚷地钻进密密的树丛，绕过遍布的荆棘，开始探路，越走越偏，越走越远，最后赫然发现，我们竟翻越了两座山头！站在山顶的我们兴奋异常，欢庆胜利！那一刻，我仿佛回到了孩提时代。

或许是有了登山"探险成功"的心理刺激，返家的途中，我和孩子们一致决定：不按原路返回，将探险进行到底！虽然我是个路盲，心里没底，但小孩子般的好奇心使我无所顾忌。就这么，我和孩子们傻乎乎地一会儿骑到东，一会儿折到西，四处乱闯。骑了一段路，有孩子惊呼："不对不对，方向不对,骑错路了!"于是,一拨人又急急忙忙掉头,返回原路。骄阳似火,热得直冒汗,我却和一帮孩子在烈日下"探路",真是有趣得很。眼看太阳下山,而我们却迷失了方向,骑来骑去,总在老地方打转。无奈之下,只得问路。一问之下,大家都笑傻了。这哪是回家的路呀,骑了半天,离家越来越远了。都是"探险"惹的祸呀!我们再也不敢乱闯,一路打听,这才顺利回到家中。这时,天色已晚,家人早等我等得坐立不安了。

这次经历不光我记得,我的学生也记得。他们说:"带着我们去探险并且迷路,钱老师你是第一人!"

就这样,带着真诚的微笑,怀着一颗童心走进孩子们中间,跟孩子们在一起,融入他们的世界,和孩子们一起玩耍、一起欢笑。大年初一,我家总是热闹非凡。新年的第一天,我总会邀请孩子们来家做客,用这样的方式迎接新年,迎接美好的开始。一大早,小客人们从四面八方赶到我家。家门口,孩子们的自行车一溜排开,俨然一个整齐的车队。我们的传统项目是包饺子,我的爸爸妈妈早就去集市买好了饺子馅和饺子皮。孩子们凑在一块儿包饺子,不是把面粉抹到了鼻子上,就是将饺馅撒到了手上。我负责煮饺子。饺子出锅的时候,每个人的碗里只能盛几个——锅太小,人太多,只能一锅一锅地煮,大家轮流吃。等不及的眼巴巴地瞅着,冷不丁从同学碗中抢过一个,一口吞下;被抢的那一个呢,傻傻的还没反应过来呢。新年的第一页就这样热热闹闹地翻开了,所有的祝福和情感都融入了热腾腾的饺子中。

吃完饺子,便进入贺新春的第二个环节——新春茶话会。为了招待这些尊贵的小客人,我早早就准备了孩子们爱吃的瓜子、话梅等零食。孩子们团团围着我,嗑着瓜子,吃着零食,唠着家常,互相祝福,共迎新年,像家人一般,其乐融融。说一阵,笑一阵,唱一阵,闹一阵,新年的喜悦洋溢在每一个孩子的眉宇间,也洋溢在我的心里。日暮时分,孩子们才依依不舍地向我挥手告别。我站在路口,目送他们离开,心中异常满足。

爱心和童心,是教师能够在孩子的天空中得以飞翔的翅膀。爱心,使得教师敞开心胸,让孩子感到温暖;童心,使得教师俯下身来,永远是孩子中的一员,让孩子感到你和他们是同一棵树上的两片叶子,在风中吹着相同的旋律。

有一天,我坐在孩子们中间兴高采烈地高谈阔论。来教室找我的同事竟然久久没有发现坐在孩子们中的我,最后经一个孩子"指点迷津",她才看到我,愣了一下,随即哈哈大笑:"好一个孩子王啊!"

孩子们笑了,我也笑了——

在孩子们面前,我愿意永远是个长大了的孩子。

11. 在一起

和学生在一起,我只有一个单纯的目标——做一个无愧于学生的老师!

(1)你并不孤单

我曾经在黑板上写下一行字:你并不孤单,老师、同学和你在一起。

这行字在黑板上保留了很长时间。

写下这行字的时候,教室里忽然安静极了,如平静的湖面,没有一丝涟漪。

……

时间,总会给出答案。

在以后的日子里,我读到了这些话语:

四年级开学时,我们离开了家,来到新的学校,十分不适应寄宿生活。是您,在黑板上写下了一句至今都令我们为之动容的话——你并不孤单,老师、同学和你在一起。正是这句"名言",让我们忘记了孤独,忘记了伤心,振作了起来。——蒋铮

记得刚开学的那段时间,同学们为思念家人而埋头痛哭,是您在黑板上写了一句震撼人心的话——你并不孤单,老师、同学和你在一起。读了这句

话，如被春雨滋润了一般，我们的内心充满了光明和力量。钱老师，您让我感到了春风化雨般的情感！——嘉楠

……

时间告诉我，这一行行字，仿佛平湖中的一颗石子，虽小，但自有它的分量。

于是，"在一起"成为我爱孩子的最好的表达方式。在一起，温暖彼此，彼此温暖——

根，紧握在地下；
叶，相触在云里。
我们分担寒潮、风雷、霹雳；
我们共享雾霭、流岚、虹霓。
每一阵风过，
我们都互相致意。

从2012年8月19日接到新生军训通知开始，我就知道，在接下来的三年中，这些可爱的名字、这些可爱的孩子将与我的名字、我的心灵书写在一起。我的眼睛里将充满他们的笑容，我的耳朵里将填满他们的音乐，我的生命中将盛开他们的花朵。

留在我记忆里的，实在太多太多。我已经记不清有多少个欢快的早晨，我和孩子们迎着朝阳大声朗诵；有多少个薄暮的黄昏，我们并肩行走在校园林荫路上；有多少次一起用餐谈笑，多少次依依惜别；有多少次看电影时情不自禁地欢笑，多少次夜幕低垂时为故事而伤怀感动，多少次在他们流泪不止时倾心交谈……还有，生日时摇曳的烛光，胜利时冲向终点的拥抱，夹在作业本中的书信，生病时的问候，我在告诉孩子们：你并不孤单，我和你们在一起……

（2）我们在一起

在与孩子们相聚、相知、相守的日子里，我听到种子植入泥土的声音，听到蓓蕾绽放的声音。班会课上，我们一起唱班歌《相亲相爱》，唱舍歌《萤火虫》。我们在歌声中畅想，在歌声中憧憬，在歌声中前行。孩子们轻轻地唱，轻轻地摇，明亮的眸子里闪动着光彩。他们说：喜欢这两首歌，因为温暖。是的，因为温暖，注定我们在一起的这一段旅程会如此美妙。

开学典礼，我班获得了"红旗班"称号。红旗班，红地毯，那是孩子们心中的渴望与期盼！开学典礼一结束，我便带领56个孩子齐刷刷地迈上了红地毯，登上了领奖台。56个孩子的红地毯，四（5）班的红地毯！学生子馨记下了这美好的一刻：

今天，我激动万分。因为钱老师让我们全班56个同学全部走上了红地毯。钱老师站在中间，同学们靠着她，紧紧相拥，多么温馨的场景啊！我们57个人站在红地毯上神采飞扬！56个孩子和钱老师是一个家，我们在一起，快乐、幸福、美好！

明媚的春天里，我和孩子们相约走近雷锋。在《学习雷锋好榜样》的歌声里，我引领孩子们了解雷锋，解读雷锋精神，学习雷锋品质。孩子们升华着情感，生发着智慧，涤荡着心灵："学雷锋应该成为一种时尚！""让雷锋精神成为一种潮流！"孩子们的肺腑之言引来一阵又一阵的掌声，激起我内心一阵又一阵的感动。我的孩子们以最朴素的认识、最平凡的行动，送给我一个明媚的春天。

……

在我的眼中，孩子们就是那一颗颗正在萌发的种子，就是一粒粒在枝头初绽的新蕾。而与孩子们在一起时的我，只是一滴水融进大地，一缕春风拂过树梢；或者，是一缕阳光照耀心房，一簇烛焰照亮前方。如果因着我的甘甜或清凉、滋润或照耀，在孩子们的生命里留下些许芬芳或愉悦，我想我会感动得不知所措。

（3）2013年12月31日

站在2013年的岁末，回望这一路，忍不住想要走回去，回到和孩子们最初相逢的那个路口，把这条闪耀着光亮的路重新再走一遍。可是我知道，我只能在记忆中重走一回了。那么，就用一种特别的方式，捡拾所有的光亮，铭记所有的感动吧！

整整一个月，我沉浸在班会内容的设计构思之中。我希望用一种美好动人的方式带给孩子们心灵的感动，用今天的感动温暖明天的岁月，在孩子们的生命里留下花的芬芳和愉悦。

我想到了我们的班歌《相亲相爱》，想到了我们的舍歌《萤火虫》，想到了"在一起"的故事，想到了"为成长喝彩"，想到了"正能量"……班会课《2013，我们在一起》的主题在我脑海中呈现了出来，"美好、感动、温暖"成为这次班会课的关键词。思索再三，我决定将举行本次班会的时间定在12月31日，既是这一年的圆满收尾，又为新一年的美好启航。

为了使这次班会取得最理想的效果，我特地请来了学校制作课件的高手吴老师为我班精心制作班会课件。积累了整整一年的图片资料实在太多，我一张一张精挑细选；保存的各种文字资料也实在太多，需要重新整理和撰写。从课件的呈现方式、图片的设置格式到音乐的播放时间，我都一一考虑周全，务求完美。为使"十佳好伙伴"的颁奖词撰写得如见其人、如闻其声，周末，我足不出户，闭门思考，一句句琢磨，一字字推敲。

让班会课成为颁奖典礼，需要有隆重的形式来呈现。我决定给"十佳好伙伴"颁发荣誉证书；我挑选形象佳、素养好的女孩子作为"礼仪小姐"，教她们微笑、行走、托盘的基本技能；组织学生撰写邀请函，邀请学校领导、科任老师作为颁奖嘉宾，邀请学生家长前来观礼，见证孩子们成长的喜悦。

2013年12月31日，五（5）班的教室里济济一堂，喜气洋洋。学校领导、学生家长、颁奖嘉宾们的光临更使班会课场面盛大、隆重而又热烈。

在期待的目光中，两位主持人走上台：

"回首2013，曾经走过的那些日子，曾经留下的那些脚印，我们有太多的感慨！"

"缘分使我们相聚，爱让我们相守。2013年，五（5）班的关键词：在一起！我们在一起，相亲相爱，亲如一家，爱如一家。"

熟悉的旋律再次响起，《相亲相爱》的歌声在教室里回响："因为我们是一家人，相亲相爱的一家人，有缘才能相聚，有心才会珍惜……"优美的旋律、感人的歌词、动人的歌声，打动了在场的每一个人。

"2013年，我们快乐地学习，快乐地生活。我们的努力看得见，我们的成功更被镜头铭记……"屏幕上依次呈现出一张张照片。在光与影的烙印中，那些弥漫在岁月里的欢声笑语，感动过孩子们的那些事、那些人重现眼前。深藏在记忆深处的点滴美好，似闪着光的蚌珠，被重新一一串起。

"因为你们，我们更优秀；因为你们，五（5）中队更优秀！和你们在一起，我们的前行有了榜样，有了力量！2013年感动五（5）班'十佳好伙伴'颁奖现在开始！"主持人激情澎湃，教室里掌声如雷。在喜洋洋的音乐声中，荣获"十佳好伙伴"的10个孩子神采飞扬地登上领奖台。他们手捧大红的荣誉证书，聆听着写给他们的颁奖词，笑容灿烂。

最激动人心的是颁发2013年"感动五（5）特别奖"的时刻。在《好大一棵树》的歌声中，孩子们整齐地站立着，饱含深情地齐声朗诵着给老师们的颁奖词。他们纷纷上台，争着给老师颁奖。

……

欢乐的时光总是那么短暂，班会接近尾声。满怀着对新年的美好憧憬，孩子们轻轻吟唱起舍歌《萤火虫》："萤火虫萤火虫慢慢飞，我的心我的心还在追……燃烧小小的身影在夜晚，为夜路的旅人照亮方向。短暂的生命，努力地发光，让黑暗的世界，充满希望……"

在隐隐的泪光中，全体孩子再次起立，共同向岁月致辞："记住今天，记住 2013 年 12 月 31 日，记住这一天凝聚起来的所有感动。让我们用今天的感动，温暖明天的 2014。2013，我们在一起；2014，我们传递正能量。201314，爱你一生一世！"

活动结束，家长们紧紧握着我的手说："钱老师，感谢您在 2013 年的岁末给孩子们送上了一份精神大餐。"

学校领导和同事也对此次活动给予了高度评价：这样的活动，温暖了孩子们的生命旅程。

我想，在成长的岁月中，总需要这样一些日子、这样一些感动，滋润纯真的心灵。那么，行走的岁月与时光就有了可以回眸的意义。

我忽然明白了，一个农人，面对着金秋时分的田野，是一种怎样的喜悦。而和学生在一起，我只有一个单纯的目标——做一个无愧于学生的老师！

12. 我的班主任之梦

对我而言，每天在孩子们中间，跟他们朝夕相处，心灵沟通，早已成为一种习惯。

我非常喜欢冰心的一首诗：

弱小的草呵！
骄傲些罢，
只有你普遍地装点了世界。

我常想，作为一名普通平凡的教师，我没有世人所歌颂的那么崇高伟大。我像蜡烛，努力地用微光照亮我的学生；我也像春蚕，吐出光洁的丝，编织成美丽的锦缎。但我觉得，渺渺时空，我更像大地上一棵寂寂无名的小草。

我奉献给我的工作、我的事业、我的学生的，只是那装点世界的一抹绿而已。

我喜欢做老师，由衷地喜欢。站在讲台上的我跟生活中的我，有很大的不同。讲台上的我焕发的神采和光彩、涌动的热情和激情、机智的应对和流利的表达，是生活中安静、羞涩的我完全不具备的。

我喜欢我的学生，那是一种情不自禁的喜欢。和学生在一起，我感觉自己非常年轻，永不会老，总是那么童真的心灵，总是有那样闪亮的眼神，还有那样阳光般灿烂的笑容。这是我终身的优质财富。

我更喜欢做班主任，发自肺腑地喜欢。在别人那里，班主任工作可能是一件苦差事，是烦琐、忙碌、辛苦的代名词。可于我，那是诗意的行走，是快乐的播种，是甜蜜的收获，是心灵的栖息地，是幸福的后花园。

有件事想来颇有意思。那一年，学校让我负责德育管理工作，考虑到事务比较繁忙，便不再让我担任班主任。我一下子慌了，心也乱了。对我而言，每天在孩子们中间，跟他们朝夕相处，心灵沟通，早已成为一种习惯。一旦硬生生割舍，让我情何以堪！

那些天，我沉浸在失落苦闷的情绪里，无法自拔。眼前不断晃动着孩子们的身影，耳边充斥的是孩子们的声声呼唤。一遍遍回想着与学生在一起的那些阳光灿烂的日子，我坐不住了，决定去找校长，请求担任班主任。要知道，平时不善于与领导交流，从不登校长室门的我，一反常态主动约见校长，需要多么大的勇气！我渴望的只是一份对班主任之梦的理解和支持。可是，我的"微观想法"在校长的"宏观理论"面前不堪一击。

9月10日教师节，学校举行茶话会，我也应邀前往。以往在这种场合，我总是被动的听众，每次都巴望着会议早早结束，好逃过发言。即使被领导指名发言，我也是支支吾吾，三言两语搪塞过去。在这样的场合，我好像得了"失语症"一样，只有畅游在学生的世界里，和学生在一起，我才会有讲不完的话，才会酣畅淋漓地痛快表达。难怪学校领导会开玩笑似的对我说："钱老师，你好像更适合和孩子们交流啊。"

但这一回，我没有逃开，在众目睽睽之下，我率先发言。那一刻，对着学校领导,对着同事们,我的内心忽然就完完全全地敞开了。准确地说,那不是在讲话发言,而是在倾诉。倾诉我的肺腑之言,倾诉我对班主任工作满满的情怀,倾诉我对学生浓浓的爱意,倾诉我对班主任工作的难舍,倾诉我这十天来不做班主任的愁肠百结……说到动情处,我情不自禁落了泪……

我流着泪说:"我喜欢做班主任,请让我担任班主任吧!"

没有掌声,所有的人都注视着我,会场内是长久的寂静。

后来,这件事在校园里传开了。

我很坦然。不管有没有人懂我,我坚持走我的路,我坚持做我喜欢的事,心甘情愿,无怨无悔。

后来,我重新做回了班主任。

我好喜欢,喜欢和孩子们在一起。

孩子,是我的整个世界。孩子身上洋溢出来的天真和单纯的情感,总让我愉快和感动。

而我,很荣幸地,能以一棵草的姿态为他们的心灵世界装点一抹春绿。

我想,我该骄傲。

13. 向着明亮那方

向着明亮那方,
哪怕一片叶子,
也要向着日光洒下的地方。
……
向着明亮那方,
哪怕只是分寸的宽敞,
也要向着阳光照射的方向。
……

今天，大刘同学笑嘻嘻地对我说："钱老师，同学们给我起了个外号。"

我很奇怪他一反常态的笑容。

他挺有成就感："大家都喊我'帮哥'。"

我一听，来劲了："这个名字取得好哇，说说它的来历？"

他有些羞涩："其实我也没有那么高大上，只是有几次，我帮助几个同学修理了一些小物件，也不知怎的，同学们就开始帮哥长、帮哥短地喊起来了。"

"你喜欢这个外号吗？"我问他。

他胖乎乎的脸上堆起了笑容："喜欢啊，能够为同学们服务，我觉得挺光荣的。"

我拍着他的肩膀，赞许道："干得不错！好样的，帮哥！"

大刘的事情在我脑海中翻腾。我想起了班级中的很多孩子，他们的学习成绩并不优秀，默默无闻，并不起眼，但我总能看到他们为班级付出，为同学服务的快乐身影。

就说小过同学吧。教室门口那一大桶净水，任谁单个儿搬，都得费很大劲儿，何况是像他那样的瘦弱身体呢。好多次走进教室，我都看见他抱着一大桶与他的个子很不相称的净水，摇摇晃晃走进教室。这情景让我很感动。

再有，每天晚上为同学们发放牛奶是一件看似简单却需要坚持的事情，但小臻却将之视为快乐和光荣，他曾经写过一篇日记——《为班级服务，不累！》。

还有，每天晚自习结束，小胡同学负责拖讲台地面；每个月月初，小汤同学为班级领取水牌；小晨同学每天整理讲台上的粉笔盒……

这些都是不起眼的小事，但孩子们干得欢快而满足。他们就像小小的萤火虫，努力发光发亮，快乐地为同伴服务、为集体忙碌，传递正能量。众人拾柴火焰高，何不将这些乐于为班级服务、为同学排忧解难的孩子组织起来，成立一个社团呢？

我将大刘同学找来，告诉他我的想法，他可高兴了，说："钱老师，好主意！我们这个社团就叫'帮哥团'吧，我担任团长，班级里的事情我们团全包了！"

就这样，班级里的第一个社团——"帮哥团"成立了！团长大刘带着他的成员们积极行动起来了，一时间班级里助人为乐、互帮互助成为风气。

治班还需自治。怎样壮大社团的力量，充分发挥每个孩子自主管理、自觉管理班级的积极性与主动性呢？我召开了中队委员会议，倾听孩子们的心声。

小施同学说："班级里有些同学学习落后，遇到问题又不敢去请教老师，不如请学习成绩优异的同学组织一个'帮学团'，主动去帮助这些学习上有困难的同学。"

利用同伴的力量，好办法！这个提议得到大家的热烈响应。

小翔同学说："平时同学之间经常会发生一些纠纷，有时甚至好朋友之间也会为了一点鸡毛蒜皮的小事而闹得不可开交，我想成立一个'微笑天使团'，协调处理好同学之间的关系，另外也可以帮钱老师分担一些工作，大家是否同意？"

小翔真不愧是我的"贴心小棉袄"啊，宽容大度又善解人意，想得周到。大家纷纷赞成。

小菲同学说："我们班的路队纪律是个老问题，总是被学校的志愿者扣分，影响了班级'流动红旗'的评比。我看不如成立一个'管理者'团队，提醒督促一些不自觉排队的同学。"

我赞同："管理者团队，那可是CEO，首席执行官哦！"

孩子们笑了，很有默契地说："高端大气上档次！"

小高和小章身为班级的劳动委员，对班级的卫生工作兢兢业业，尽心尽力。他们建议成立一个"环保卫士"团队，检查督促同学们养成良好的卫生习惯，使班级环境洁而雅。

宣传委员和文娱委员则建议：开展班级活动，解决班级实际问题，需要一支动脑筋想办法出点子的策划团队，正所谓"三个臭皮匠，赛过诸葛亮"，集大家的智慧来管理我们的班级，最有效，也最有说服力。

好主意！我乐了。的确如此，班级管理不能由班主任单枪匹马、孤军作战，也无须事必躬亲，让学生学会自我教育、自我管理，才是治班的最高境界。我大为赞赏，将这个社团命名为"智囊团"。

"帮哥团""帮学团""微笑天使团""环保卫士团""CEO管理团""智囊团"，六个志愿者分社团闪亮登场了！

孩子们推选了团长，选取了各自的成员。每一个分社团由三位成员组成，意为"铿锵三人行"。每个分社团根据自己的特点，还设计了一句响亮的口号，如"帮哥团"的口号是"授人玫瑰，手留余香"；"环保卫士团"的口号是"捡起一片文明，拾起我的尊严"；"微笑天使团"的口号是"有我，有你，有爱"等。六个分社团组成了六（5）班的志愿者社团——以"奉献、友爱、互助、进步"为精神的太阳花志愿者社团。太阳花，意为"向着明亮那方"。

志愿者社团的成员们集思广益，向全班同学公开征集徽标。孩子们人人参与设计，作品匠心独运，精彩纷呈。经过大家的一致推选，小蒋同学的作品最终入围。他的作品画面简单却寓意深刻：用爱心做土壤，用热情去浇灌，太阳花常开不败。

很快，广告公司根据我们的意愿制作了我们社团的团旗、胸章。团旗飘扬，胸章闪亮，每个孩子的心头充满自豪。

社团团长小可同学建立了QQ群，不定期地在群内发布信息、布置任务、总结活动情况。"太阳花"志愿者社团初具规模，初显成效，社团活动开展得有声有色。

"帮学团"的三位成员在课间时当起了小老师，为学有困难的同学讲解习题，排忧解难。

"环保卫士团"的孩子们利用节假日，走进社区，走上街头，捡拾垃圾，打扫卫生，为保持环境卫生出一份绵薄之力。

"CEO管理团"的成员们执行力非常强，不仅自己以身作则，更对同学们严格要求，他们传播正能量的举动赢得了大家的一致赞誉。

最具亲和力和人性化管理的是"微笑天使团"的成员们。他们俨然以小老师的身份，当起了同学之间传递微笑和快乐的"友谊使者"。社团团长小可同学更是以她细密的心思、贴心的关怀，化解了一个又一个矛盾，被同学们昵称为"知心姐姐"。

以下是她的一次活动记录：

体育课上，不知情的体育老师阴差阳错地将两个"冤家"——小邵和小赵安排在一起练乒乓球。

一听到消息，小赵的脸色立刻"阴云密布"，一脸的不情愿，但这是老师的安排，她也无可奈何。开始练习前，她凶巴巴地对小邵喊："我告诉你，你不要让我的成绩因为你而落后！"小邵似乎也知道了自己的球技并不好，并没有像平时一样与她顶嘴，而是乖乖地点了点头。

第一次，小邵打出的球力度太大，失败。

第二次，小邵打出的球角度太高，失败。

第三次，失败。

第四次，第五次……

小赵终于压制不住内心的怒火，甩下拍子，转身就走，向我诉苦："我跟她没法练习，我不干了！"我轻抚她的背，劝道："正是因为她水平不够，老师才叫你教她，不是吗？你先不要激动，平复一下心情。在跟她练习时，动作轻一点、柔一点，好吗？"她思索了一会儿，点了点头。我张开双臂，给了她一个大大的拥抱。她重新提起了精神。

我又急忙跑到小邵身边，柔声指导她："你打球的水平较差，一定不能让教你的人感到失望，明白吗？来，把打球姿势摆正确！"我仔仔细细地矫正了她的姿势。看着她一边若有所悟地点着头，一边反复练习，我也轻轻地拍了拍她的背，给予她一点力量。随后，我退到一旁，来观看我的调解成果。

果然，两个人放平了心态，以正确的方式来练习，立刻有了显著的进步……

读完她的活动记录,我由衷地称赞,也倍感喜悦,仿佛春风吹过树梢,我看到了枝头初绽的嫩芽,融融春意扑面而来。

这天课前,"智囊团"的小玉同学来找我,问课上能否让两个平时不认真做眼保健操的同学来讲讲做眼保健操的重要性。我觉得很有意思,当下便答应了。

铃声一响,教室里格外安静。在同学们好奇的目光中,两个孩子拿着讲稿,一前一后分别上场。按照"智囊团"布置的要求,两个孩子要认真备课写教案,制作精美的PPT。讲课开始,两个孩子从"我们的眼睛"说起,讲到"眼睛的苦恼""近视眼的形成"以及"如何科学用眼,预防近视",最后强调"保护眼睛的重要性,认真做好眼保健操",还纠正了同学们做眼保健操时的一些不正确的姿势。面对全班同学和坐在一旁听课的我,两个孩子又紧张又不好意思,一会儿忘词卡壳,站着不知所措;一会儿讲课内容颠三倒四,听得大家云里雾里;一会儿PPT又出现了问题,手忙脚乱,教室里不时响起笑声。但看着他俩郑重其事、一丝不苟的样子,孩子们还是报以热烈的掌声。

颇有趣的是,讲课结束前,两个孩子不约而同都使用了这样的结束语:"同学们,你们千万不要学我的样,明知故犯啊!"孩子们再一次哈哈大笑。

两个孩子也用日记的形式记录了这次经历。这也是"智囊团"布置的作业之二——写一篇"教学反思"。呵呵,真有创意!其中一个孩子在日记中这样写道:

今天,一次"惩罚"变成了我的一次表现。

因为不认真做眼保健操,我被"智囊团"的成员"奖励"备好课、做好PPT,为大家上课,内容是"如何保护视力"。听到这个"奖励",我有些不好意思,毕竟是件难为情的事情,但想想平时的自己在班级中并不突出,能表现自己的机会很少。这一次,就当是展示自己吧。

周末,我花了两个小时制作PPT,还特意将妈妈请来当观众,排练了好几遍。

第一次面对同学们讲课,我心里的紧张可想而知。出于羞涩,我的声音稍微低了一些,有几处忘词了,PPT也出现了一些问题,不得不重复讲了一遍。但同学们没有嘲笑我,而是很友好地看着我,仿佛在对我说:"讲得不错,加油!"我抬起头,看见钱老师也正在朝我微笑呢。那微笑给了我莫大的鼓励,我渐渐讲得顺畅起来……

一次惩罚,不仅使我改掉了坏习惯,还让我得到了一次表现的机会。真是一举两得啊!

被惩罚也可以是心情愉悦、轻松舒畅。呵呵,多么美丽且充满温情的惩罚!

面对创意无限的孩子们,我不得不连声赞好。看来,孩子们都是"潜力股"啊。

向着明亮那方,"太阳花"初绽蓓蕾。

向着明亮那方,我们的"太阳花"志愿者社团花开灿烂。

后 记

心怀念想和热爱

我憧憬这样的生活——诗意的生活。
我渴望这样的工作——教育的工作。
心怀念想和热爱。
爱生活，爱工作；爱教育，爱学生。
爱，应该是幸福的开端，人生的圆满。

行走在教育路上，简单朴素，怀揣一颗爱心上路，与我的学生热情相遇，亲密相拥，幸福同行。步履匆忙却心如甘饴，身形疲乏依然痴心不改。期许用我的一往情深，去缔造美好，留下芬芳，浇灌一路花香。

不掩饰，不雕琢；不做圣人，不是全能。站在讲台上的我，就是生活中的本色出演。喜怒哀乐，易感易动容，很本真地凭着一腔热忱，怀着一颗单纯的心跟孩子们在一起，全心全意地爱孩子们，一心一意地把孩子们教好。就是这样一种真诚质朴的赤子情怀，让我走进了孩子的世界，如一尾小鱼般自由畅快，纯粹、无邪、安宁、富足，梦想常青。

"寿司之神"小野二郎说："你要爱你的工作，你要和你的工作坠入爱河。"这句话让我产生了心灵共鸣。学生，是我生命中的天使；而我，有幸能用温柔的眼神和慈爱的双手呵护他们，陪伴他们慢慢走过一程，留下一段美丽的记忆，教给他们一些人生的道理，孕育最初的一颗种子，直至它们萌生出鲜嫩的新芽，长成一棵棵亭亭秀木，那是一种多么美好而又奇妙的感觉，又是一项多么神圣而伟大的事业！

尽管日子平淡，工作忙碌，但我充实快乐。每一天都像一幅画，线条简洁却色彩饱满；每一天都像一首诗，韵律简单却节奏明快。而我就像从容行走于诗画中的游人，有幸捡拾一路风景，带着这种看不够的心情一路走下去，这让我越来越深地热爱着我的工作，热爱着我的学生……

纵观小野二郎的一生，在超过五十五年的时间里，他都在做寿司。一生只做一件事，如此专一，如此恒久，又是如此完满！对我而言，教室和讲台是我人生的舞台；粉笔和黑板是我生命的行走方式；学生则是我终身的梦想。我的生命融入在学生的人生历程中，我的人生在学生、讲台、粉笔、黑板之间轻舞飞扬！

渺渺时空，茫茫人海，我弱小的身影微如草芥。但因为选择与教育牵手、与孩子相伴，我的人生朝向了另一种美好。

教育，让我在只此一次的生命历程中发现、表达、传承、延续了最大可能的爱和美、真和善。在某种意义上，我生命的长度、宽度和高度都得以增长，这是命运对我的宠爱和馈赠。

泰戈尔说："果实的事业是尊贵的，花的事业是甜美的，但是让我们做叶的事业吧，叶是谦逊地专心地垂着绿荫的。"读着诗人的诗，我想我多么荣幸，因为教育的事业永远充满叶的生机、花的芬芳和果实的甘美，如此宁静而又美好！

不忘初心，方得始终。我庆幸自己一路走来，始终怀着一颗初心，朝向美好，爱生命中的一切，并将之毫无保留地传递给我的学生，希望我的每一个学生心存良善、心怀感恩，成就生命最初的美好。

此时，回顾岁月，我平静从容地记录下心灵深处传来的声音。从最初写下第一篇文章开始，到今天完成书稿，生命中的河流已经不知道有了多少次转弯。但是，每次提起笔来，那种宁静和怡然的感觉还在那里，仿佛是一支莲，盛开在清水塘边，注视着我。我知道，我仍会继续努力地写下去。

我明白自己能力有限，所以，这些文章能够结集出版，于我，实在是生命的惊喜与额外的馈赠。

　　作为书稿的第一阅读者和推荐者，郑学志老师见证了这本书的从散到整、从无序到有序的过程。我很庆幸有这样一位高瞻远瞩的引领者为我出谋划策，且以极其严谨的态度帮我反复审稿，并在百忙之中为我撰写了推荐序。知遇之恩，感激之情，无言以表，唯深记于心。

　　感谢"万千教育"编辑部吴红主任，感谢他给予一个新手由衷的赏识、足够的信任和无限的耐心，以及任我快乐地写作与自由地表达。

　　感谢张万祥老师、熊华生博士、张巨宏校长、赵江华老师阅读我的书稿，并撰写激情洋溢、赞赏有加的推荐语。

　　感谢我爱的教育和爱我的学生，在我心田唱响爱与美的歌！

　　感谢我亲爱的家人！你们的目光中满含深情，这些皆在我心。

　　感谢所有我爱和爱我的人！

　　爱，是我生命永恒的表达方式。

　　愿不辜负！

钱碧玉

2015 年 7 月 20 日